기독교문서선교회 (Christian Literature Center: 약칭 CLC)는 1941년 영국 콜체스터에서 켄 아담스에 의해 시작되었으며 국제 본부는 미국 필라델피아에 있습니다. 국제 CLC는 약 650여 명의 선교사들이 59개 나라에서 180개의 서점을 운영하며 이동 도서 차량 40대를 이용하여 문서 보급에 힘쓰고 있으며 이메일 주문을 통해 130여 국으로 책을 공급하고 있는 국제적 문서선교 기관입니다.

아마겟돈 전쟁

the Battle of Armageddon
Written by Jung-bo Kang
All rights reserved.
Korean Edition Copyright ⓒ 2025 by Christian Literature Center, Seoul, Korea.

아마겟돈 전쟁

2025년 10월 15일 초판 발행

지 은 이 | 강정보

편 집 | 정희연
디 자 인 | 박성준 소신애
펴 낸 곳 | (사)기독교문서선교회
등 록 | 제16-25호(1980. 1. 18.)
주 소 | 서울시 동대문구 천호대로71길 39
전 화 | 02-586-8761~3(본사) 031-942-8761(영업부)
팩 스 | 02-523-0131(본사) 031-942-8763(영업부)
이 메 일 | clckor@gmail.com
홈페이지 | www.clcbook.com
송금계좌 | 기업은행 073-000308-04-020 (사)기독교문서선교회
일련번호 | 2025-85

ISBN 978-89-341-2865-6(03230)

아마겟돈 전쟁

강정보 지음

CLC

아마
겟돈
전쟁

목차

저자 서문

강정보 목사

형제들아 너희가 스스로 지혜있다 하면서 이 신비를 너희가 모르기를 내가 원하지 아니하노니 이 신비는 이방인의 충만한 수가 들어오기 까지 이스라엘의 더러는 우둔하게 된 것이라, 그리하여 온 이스라엘이 구원을 받으리라, 기록된바 구원자가 시온에서 오사 야곱에게서 경건하지 않은 것을 돌이키시겠고, 내가 그들의 죄를 없이 할 때에 그들에게 이루어질 언약이 이것이라(롬 11:25-27).

인류가 아무리 자신의 과학적 지식과 철학적 지혜와 경험적 지혜를 자랑할찌라도 하나님이 지니고 계신 신비스럽고도 비밀스러운 그 뜻을 어찌 알 수 있을까?

사도 바울은 하나님에게서 계시를 받아 하나님의 신비스럽고, 비밀스러운 뜻을 깨달아 알고 이렇게 명백하게 말하고 있다.

이 신비는 이방인의 충만한 수가 들어오기 까지 이스라엘의 더러는 우둔하게 된 것이라, 그리하여 온 이스라엘이 구원을 얻으리라 …그들에게 이루어 질 언약이 이것이라.

이스라엘을 향한 하나님의 뜻은 이방인 중에서 구원을 위해 선택받은 사람들을 모두 구원하실 때까지는 영적으로 이스라엘을 우둔하게 하여 예수가 메시아 그리스도이심을 깨닫지 못하게 하셨다가 이방인의 수가 찼을 때 이스라엘 전 민족으로 하여금 예수가 메시아 이심을 깨달아 알게 하시고, 공인하게 하시고, 믿게 하시고, 메시아를 죽였던 죄악까지 용서해 주시사 온 이스라엘을 구원하시므로 구원의 언약을 성취하실 것이다. 이것이 하나님이 지니신 신비스러운 비밀인 것이다. 이 신비스러운 구원의 언약이 이루어질 "때"가 바로 카이로스(καιρός)의 때요, 종말의 때요, 아마겟돈 전쟁의 최종 결정적인 징조가 되는 것이다.

지금 세계의 현상을 보면, 인간의 죄악이 자멸의 시간을 독촉하고 있음을 알게 된다. 인류의 온갖 탐욕이 거룩하신 하나님의 심판의 시계 바늘 속도를 가속화시키고 있다.

어떻게 하면 심판의 시계 바늘을 멈추게 하거나, 뒤로 물러나게 할 수 있을까?

탐욕이 인류의 마음을 지배하는 동안 이미 돌고 있는 심판의 연자 맷돌은 멈추지 않을 것이다.

그렇지만 인류가 범한 과거와 현재의 죄악들을 참된 마음으로 참회한다면 긍휼이 많으신 하나님께서 심판의 연자 맷돌의 움직임을 멈추게 하실 수 있지 않을까?

인류는 다만 하나님의 긍휼을 바랄 뿐이다. 그러므로 하나님은 이렇게 권고하신다.

너희가 어떠한 사람이 되어야 마땅하뇨, 거룩한 행실과 경건함으로 하나님의 날이 임하기를 바라보고 간절히 사모하라(벧후 3:11-12).

한국 교회 성도들이여!

한국 교회여!

우리 자신을 하나님의 심판대 앞에 적나라하게 세워 봅시다. 그리고 하나님의 눈으로 "우리" 자신을 살펴 봅시다.

예수님을 유일하신 참 사람, 참 하나님으로 믿는 올바른 기독관에 확고히 서 있는가?

교회 안에 예수님이 계신지, 부끄러움은 없는지, 거룩한지, 경건한지, 다시 오실 주님 앞에 담대히 설 수 있는지, 기쁨으로 환영할 수 있는지 살펴 봅시다. 그리고 "우리에게 사랑이 있는가, 얼마나 정의로운가"라고 진실되게 자신을 향해 물어 봅시다.

다시 한번 만왕의 왕으로 오실 예수님을 정면으로 만나 봅시다. 나 자신과 한국 교회의 믿음을 점검해 봄이 절실히 요청됩니다.

이 원고를 마치기까지 아흔의 몸에 건강을 주신 하나님께 감사를 드립니다. 이 글을 출판하도록 허락해 주신 기독교문서선교회(CLC) 회장 박영호 박사님께 짐심으로 감사드리며, 수고하신 직원들에게 감사를 드립니다. 끝으로 이 글을 읽으시는 모든 분에게 거룩하신 우리 주님의 은총이 충만하시기를 기도합니다.

2025년 열하에

들어가는 말

역사를 섭리하시는 하나님의 뜻은 너무나도 신비스럽고 놀랍도다.

한번 정하신 것은 아무리 긴 세월이 흘러도 그리고 아무리 거역하는 일이 많았어도 반드시 성취된다는 것이다. 강대국은 항상 강대국으로 남아있는 것이 아니라 언젠가는 쇠퇴하게 되어 있고, 약소국은 언제나 약소국으로 압박만 당하는 것이 아니라 언젠가는 자유를 얻어 부강하게 되는 날이 오기도 한다.

토인비(Arnold Joseph Toynbee)는 『역사의 연구』(A study of History)에서 역사란 "도전"(challenge)과 "응전"(response)의 계속적 반복이라고 말하고 있다. 아무리 큰 도전이 오더라도 과감하게 응전을 계속하는 민족에게는 새로운 역사 창조의 빛이 비취었던 것이다. 물리학에 가속노라는 원리가 있다. 현대문명의 속도에 가속이 붙어서 너무나도 빠르게 문명이 변하고 있다. 여기에서 하나님의 예언 말씀이 너무나도 빠르게 성취되어 가고 있다는 사실이다.

우주와 그 가운데 만물들과 인류를 창조하신 창조의 근본이 되시는 예수 그리스도께서 인류 역사의 알파(A)가 되시고, 그 역사를 지금까지 섭리(攝理)해오신 그분께서 인류 역사의 마지막 때인 카이로스(καιρος)의 때가 임박했음을 인류에게 알리시고, 역사의 종지

부를 찍으실 오메가(Ω) 되심도 직접 알려 주고 있다. 함석헌 선생님도 "성경의 자리에서만 역사를 쓸 수 있다. 역사철학은 성경밖에 없기 때문이다. 서양에도 없고 동양에도 없다. 역사는 시간을 인격으로 보는 이 성경의 자리에서만 될 수 있다"라고 말씀하신 바 있으시다.

과연 그렇다. 예수님의 눈으로 역사를 보자는 것이다. 예수님은 역사의 시종(始終)과 그 과정도 세밀히 모두 알고 계시기 때문이다. 알고 계실 뿐만 아니라 역사의 주인으로 역사를 섭리하시기 때문이다.

예수님의 눈이란 무엇인가?

그것이 바로 성경이다. 성경의 눈으로 역사를 볼 수 있어야 역사를 옳게 인식할 수 있고, 오늘의 나를 올바르게 알게 되고, 미래를 올바르게 계획할 수 있기 때문이다.

본서는 2023년도에 기독교문서선교회(CLC)에서 출간한 『하나님의 어린양』의 뒤를 이은 것으로서 마지막 때가 임박했음을 모든 기독교 신자들에게 뿐만 아니라 이 글을 접하는 모든 이에게 생각을 일깨워 주기 위한 것입니다. 그러면 하나님의 성령의 감동으로 계시를 받아 기록된 성경에서는 예수님 자신과 그 선지자들과 사도들은 무엇이라고 말하고 있는지 살펴보도록 하겠습니다.

제1장

예언

이사야 선지자는 예언했다.

> 그날에 애굽에서 앗수르로 통하는 대로가 있어 앗수르 사람은 애굽으로 가겠고 애굽 사람은 앗수르로 갈 것이며 애굽 사람이 앗수르 사람과 함께 경배하리라. 그날에 이스라엘이 애굽 및 앗수르와 더불어 셋이 세계 중에서 복이 되리니, 이는 만군의 여호와께서 복 주시며 이르시되 내 백성 애굽이여, 내 손으로 지은 앗수르여, 나의 기업 이스라엘이여, 복이 있을지어다 하실 것임이라(사 19:23-25).

스가랴 선지자는 예언했다.

> 내가 그들이 고난의 바다를 지나갈 때에 바다 물결을 치리니 나일의 깊은 곳이 다 마르겠고, 앗수르의 교만이 낮아지겠고 애굽의 규(笏 임금이 갖는 홀, sceptre)가 없어지리라, 내가 그들로 나 여호와를 의지하여 견고하게 하리니 그들이 내 이름으로 행하리라 나 여호와의 말이니라(슥 10:11-12).

이 예언의 말씀은 마지막 때에 이스라엘과 이집트와 앗수르 세 나라가 하나님의 축복으로 하나님을 경외하는 기독교 국가가 되어 세계에서 3대 부강한 나라가 될 것을 예언하신 것이다.

이집트 사람과 앗수르 사람들이 서로 빈번히 왕래하게 된다는 것은 이스라엘이 그 길을 열어주기 때문에 가능한 것이다. 이것은 세 나라가 우애 있게 교통하게 됨을 의미하는 것이며, 다 함께 하나님을 경외하고 경배드리게 될 것을 말함이다.

우리는 역사를 구속사적(救贖史的) 관점에서 보아야 할 것이다. 왜냐하면, 그래야 성경의 뜻에 더 가깝게 해석하고 이해할 수 있기 때문이다. 단순히 역사적으로 보면 이집트나 앗수르는 이스라엘을 늘 괴롭혀 왔던 민족이다.

그런데 왜 하나님께서는 말세에 그들을 축복하시는가?

축복의 이유로서 역사적 배경을 살펴보도록 하자.

1. 이집트

(1) 노예로 팔려온 요셉을 받아들이고, 30세의 젊은 청년에게 대제국 이집트를 통치할 총리의 권력을 부여해 주었고, 야곱의 가족 70명을 구원하고 보호해 주었다(창 39장-50장).

(2) 요셉이 죽은 후에 요셉을 알지 못하는 왕들은 히브리 민족을 괴롭혔고 노예로 삼아 400년 동안이나 고통을 당하게 했으나, 그 기간은 히브리 민족이 생육하고 번성하는 시간이었고, 이집트는 모

판의 역할을 한 셈이다. 즉, 처음에 70명의 가족이 이집트로 이주를 했으나 430년 동안에 장정만 60만 명이니, 부녀자와 어린이와 50세 이상의 사람들을 합치면 약 200만 명 이상이 되었을 것이다.

(3) BC 586년에 유다 나라가 바벨론에 의해 멸망한 후 요하난이 피신해 있던 사람들과 바벨론으로 포로가 되어 가던 도중에 석방된 예레미야와 바룩을 강제로 영솔하여 이집트로 내려갔다. 이집트의 보호 가운데 있다가 그중에 예레미야를 포함한 소수의 사람만이 유다로 귀국하게 되었다. 예레미야의 이집트 체류 기간에도 하나님의 계시 말씀이 예레미야에게 임하였고, 그 기록물이 이집트에 남아있어 이집트인들에게 하나님을 알리는 귀한 자료가 되었다(렘 41-44장). 후에 소크라테스의 제자 플라톤(Platon BC 427-347?)이 이집트를 방문했을 때 예레미야의 서책을 접하게 되었고, 아마도 그 경험이 플라톤의 이데아(Idea) 사상의 기초가 된 것이 아닌가 생각된다.

(4) 아기 예수님이 탄생했을 때 아기 예수님을 죽이려는 헤롯 대왕의 음모를 알려준 천사의 지시에 따라 이집트로 피신하여 보호를 받은바 있다(마 2:13-23). 현재도 이집트에는 아기 예수님이 헤롯 군대의 추격을 피하여 여러 곳으로 옮겨 다니신 흔적들이 있으며, 가는 곳마다 기적의 샘이 생겨난 기적의 자취가 있다.

(5) BC 2세기 말엽에 프톨레미(Ptolemy) 2세인 필라델포스(Philadel-phus, BC 285-247)가 팔레스타인에서 이스라엘 12지파 중 각 지파당 6인의 학자들을 선정하여 모두 72인을 알렉산드리아로 초빙하여 히브리어 성경을 헬라어로 번역게 하고 완역된 것이 70인역이다. 원래의 책명은 <70명의 장로에 의한 해석>(Interpretatio secumdu, Septuaginta

seniores)인데 이것을 축약하여 70인역이라 하며, 로마 숫자 LXX(70)로 표시한다. 그리하여 헬라어를 주로 사용하고 있던 이집트에 거주하던 유대인들에게 신앙적으로 큰 도움이 되었고, 특히 알렉산드리아에 있는 지식인들에게 성경을 전파하는데 크게 기여하게 되었다.

(6) 요한 마가가 이집트에까지 가서 전도하여 최초로 세워진 교회가 마가 교회이다. 그 교회에 마가의 시신이 안치되어 있다고 한다. 현재 회교 국가인 이집트의 총인구의 십 분의 일에 해당하는 일천만 명이 콥트정교회 기독교 신자이다.

(7) 신명기 23장 7-8절에 말씀하고 있다

> 애굽 사람을 미워하지 말라, 네가 그의 땅에서 객이 되었었느니라, 그들의
> 삼대 후 자손은 여호와의 총회에 들어올 수 있느니라(신 23:7-8).

(8) 마지막 때에 이집트를 향한 하나님의 뜻은 무엇인가?
이사야는 이렇게 예언하고 있다.

> 그날에 애굽 땅에 가나안 방언을 말하며 만군의 여호와를 가리켜 맹세하는
> 다섯 성읍이 있을 것이며 그 중 하나를 멸망의 성읍이라 칭하리라. 그 날
> 에 애굽 땅 중앙에는 여호와를 위하여 제단이 있겠고 그 변경에는 여호와
> 를 위하여 기둥이 있을 것이요, 이것이 애굽 땅에서 만군의 여호와를 위하
> 여 징조와 증거가 되리니 이는 그들이 그 압박하는 자들로 말미암아 여호
> 와께 부르짖겠고 여호와께서는 그들에게 구원자이자 보호자를 보내사 그들
> 을 건지실 것임이라. 여호와께서 자기를 애굽에 알게 하시리니 그 날에 애

굽이 여호와를 알고 제물과 예물을 그에게 드리고 경배할 것이요 여호와께 서원하고 그대로 행하리라. 여호와께서 애굽을 치실지라도 치시고는 고치실 것이므로 그들이 여호와께로 돌아올 것이라 여호와께서 그들의 간구함을 들으시고 그들을 고쳐 주시리라(사 19:18-22).

마지막 때에 이집트가 하나님 중심의 국가가 되고 전 민족적으로 예수를 그리스도로 믿는 믿음의 나라가 되어 세계 중에서 이스라엘과 앗수르와 더불어 삼대 부강한 나라로 축복을 받게 될 것이다(사 19:23-25).

2. 앗수르

1) 앗수르 제국

BC 900-607년에 이르기까지 약 300년간 고대 근동 지방의 최강 내국으로 군림하고 있었다. 그러나 죄악이 관영(貫盈 가득 참)해졌을 때 하나님은 그들을 긍휼히 여기사 선지자 요나를 보내셨다. 수도 니느웨성에서 "앞으로 40일이 지나면 너희들의 죄악 때문에 이 성이 멸망되리라"라고 선포했을 때 모든 백성과 왕이 하나님을 믿고 금식을 선포하고 굵은 베옷을 입고 회개했다.

하나님이 그들의 행한 것 곧 그 악한 길에서 돌이켜 떠난 것을 감찰하시고 뜻을 돌이키사 그들에게 내리리라 말씀하신 재앙을 내리지 아니하시니라 (욘 3:10).

이러한 말씀에 근거해 보면 그들은 하나님의 말씀 앞에 겸손할 수 있는 민족인 것을 알 수 있다. 요나 선지자는 북왕조 이스라엘 제13대 왕 여로보암 2세(BC 790-749) 치세 시에 활동했었으며, 그가 니느웨를 방문했을 때는 아닷니라리(BC 808-783)가 치세하던 시대이다.

2) 고레스(키루스 2세)

파사국(페루시아)의 왕 고레스는 BC 560-530년까지 30년간 통치했으며 539년 10월 말경에 바벨론에 입성하여 바벨론을 멸망시키고 127도 전 제국을 통치하였다. 고레스는 이방인이지만 여호와 하나님께서는 그를 귀한 그릇으로 사용하실 것을 예정해 두셨던 인물이다. 그가 탄생하기 175년 전에 이사야 선지자가 예언하였다.

고레스에 대하여는 이르기를 내 목자라 그가 나의 모든 기쁨을 성취하리라 하며 예루살렘에 대하여는 이르기를 중건되리라 하며, 성전에 대하여는 네 기초가 놓이리라 하는 자니라(사 44:28).

나 여호와는 나의 기름 받은(anointed) 고레스의 오른 손을 잡고 열국으로 그 앞에 항복하게 하며 열 왕의 허리로 풀며 성문을 그 앞에 열어서 닫지 못하게 하리라 … 너를 지명하여 불렀나니 너는 나를 알지 못하였을찌라도 나는 네게 칭호를 주었노라, 나는 여호와니라 … (사 45:1-8).

너희는 다 모여 들으라 나 여호와의 사랑하는 자가 나의 뜻을 바벨론에 행하리니 그의 팔이 갈대아인에게 임할 것이라, 그들 중에 누가 이 일을 예언하였느뇨, 나 곧 내가 말하였고 또 내가 그를 부르며 그를 인도하였나니 그 길이 형통하리라(사 48:14-15).

고레스왕은 이사야의 예언대로 그가 하나님을 알지 못했지만, 하나님의 감동으로 바벨론과의 전쟁에 승리하고 가장 먼저 행한 것이 포로 유대 민족을 해방하고 본국으로 귀국하여 성전을 재건케 하였다.

북왕조 이스라엘은 이미 앗수르에 의해 제19대 왕 호세아 치세 시 곧 BC 721년에 멸망하고 포로가 되었던 자들이 지금은 고레스의 통치하에 놓이게 되었다. 그리고 남왕조 유다는 예레미야 선지자의 예언대로 바벨론에 의해 BC 606, 597, 586년 세 차례의 침략으로 멸망했었으나 70년 만에 고레스에 의해 해방되어 고국으로 돌아가게 된 것이다.

고레스왕은 BC 536년에 이스라엘 민족을 빈손으로 돌려보내지 않고, 느부갓네살왕이 하나님의 성전에서 탈취해 왔던 모든 기물을 찾아 돌려주었다. 5,400가지의 금은의 기구이다. 말 736두, 나귀 245두, 낙타 435두, 노새 6,720두를 주었다. 전국에 명하여 은과 금과 짐승들로 협력하도록 명령을 내렸다. 군대를 동원하여 해방 민족을 보호하도록 했다. 제일 차 해방된 자의 수는 49,897명(회중 42360, 노비 7337, 성가대 206)이다(스 1장-2장).

BC 457년에는 에스라와 같이 남자 1,754명, 그리고 부녀자와 어린이를 포함하면 약 7,000명 정도가 귀환했다. 왕으로부터 받은 봉납물을 포함하여 금 100달란트, 은 750달란트가 돌아왔다. BC 444년에는 느헤미야가 총독으로서, 국비에 의해 호위를 데리고 귀국했으며, 예루살렘 성벽 재건을 완공하도록 했다.

3) 아하수에로(아르타크세르크세스 1세)

다리오왕의 아들로 BC 486-465년, 21년간 통치했다. 에스더의 부군이며, 총리 하만의 유대인 멸절 계획이 진행될 때 에스더가 "죽으면 죽으리라"는 결사의 각오로 금식기도하고 왕에게 청원을 드려 원수를 갚고, 멸절 위기에 놓였던 동족 유대 민족을 구원했던 일도 아하수에로왕의 도움이 있었기 때문이다.

4) 아닥사스다(아르타크세르크세스 2세)

해방 민족이 예루살렘 성벽을 재건하자 산발랏과 여러 동맹국이 일어나 그 공사를 방해했을 때 아닥사스다 2세는 선왕의 뜻을 확인하고 성벽 재건을 독려하고 협력해 주었다(느 4장). 이처럼 하나님의 선민 이스라엘과 앗수르 민족 간에 그 배후에는 하나님의 구원 계획이 있으셨음을 알 수 있다.

마지막 때에 앗수르를 향한 하나님의 뜻은 그 민족을 복음으로 변화시켜 예수 그리스도를 믿는 믿음의 국가가 되게 하시고, 이집트 사람들과 함께 여호와 하나님과 예수 그리스도께 경배하게 될 것이다. 그래서 하나님의 축복을 받아 세계 중에서 이스라엘과 이집트와 함께 3대 부강한 나라가 될 것이다(사 19:23-25).

3. 이스라엘

이스라엘은 하나님의 인류 구원이라는 원대한 계획 가운데 선택받은 민족이다. 언약이 있고, 계명과 율법과 계시적 말씀이 있고, 언약의 성취를 체험했다. 거룩하신 하나님의 임재의 상징인 성막과 성전이 있고, 선지자들이 있었고, 수많은 놀랄만한 기적을 보았고 먹고, 피부로 느끼며 살아왔다. 하나님께 순종했을 때에는 크게 축복을 받았고, 불순종했을 때에는 가혹하리만큼 징계를 받아왔던 역사를 가진 민족이다.

더더욱 그들에게는 남달리 여호와 하나님의 존재를 만국에 전파할 사명이 주어진 민족이라는 점이다. 그래서 하나님은 축복이라는 방법으로도, 때로는 징계라는 고통의 방법으로도 이방 세계에 여호와 하나님을 증거하게 하셨다.

이제 마지막 때에 이스라엘을 향한 하나님의 뜻은 무엇인가?

> 여호와의 말씀이니라, 구속자가 시온에 임하며 야곱의 자손 가운데에서 죄과를 떠나는 자에게 임하리라, 여호와께서 이르시되 내가 그들과 세운 나의 언약이 이러하니 곧 내 위에 있는 나의 영과 네 입에 둔 나의 말이 이제부터 영원하도록 네 입에서와 네 후손의 입에서와 네 후손의 후손의 입에

서 떠나지 아니하리라 여호와의 말이니라(사 59:20-21).

그리고 스가랴 선지자도 다음과 같이 예언한 바 있다.

내가 다윗의 집과 예루살렘 거민에게 은총과 간구하는 심령을 부어주리니 그들이 그 찌른바 그를 바라보고 그를 위하여 애통하기를 독자를 위하여 애통하듯 하며, 그를 위하여 통곡하기를 장자를 위하여 통곡하듯 하리로다(슥 12:10).

유대인들이 자기들의 손으로 이방인 로마인들에게 사형시키도록 넘겨준 예수 그리스도에 대한 죄책 때문에 애통하며 회개하게 될 것을 예언하신 말씀이다. 그리고 이 말씀은 유대인들이 예수를 메시아, 그리스도로 믿고 구원 얻게 될 것을 예언했다.

신약에 있어서 사도 바울도 다음과 같이 말씀하고 있다.

나의 형제 곧 골육의 친척을 위하여 내 자신이 저주를 받아 그리스도에게서 끊어질지라도 원하는 바로라(롬 9:3).

이는 혹 내 골육을 아무쪼록 시기하게 하여 그들 중에서 얼마를 구원하려 함이라(롬 11:14).

형제들아 너희가 스스로 지혜있다 하면서 이 신비를 너희가 모르기를 내가 원하지 아니하노니 이 신비는 이방인의 충만한 수(πληρωμα, 프레로마)가 들어오기까지 이스라엘이 더러는 우둔하게 된 것이라, 그리하여 온 이스라엘이 구원을 받으리라, 기록된바 구원자가 시온에서 오사 야곱에게서 경건하지 않는 것을 돌이키시겠고 내가 그들의 죄를 없이 할 때에 그들에게 이루어 질 내 언약이 이것이라 함과 같으니라(롬 11:25-27).

"온 이스라엘이 구원을 받으리라"(και ουτως πας Ισραηλ σωθησεται)와 요한계시록 7장 5-8절의 144,000명이라는 이스라엘의 숫자는 이스라엘의 구속함을 얻은 완전수로서 "온 이스라엘"을 의미하는 것이다. 마지막 때에 온 이스라엘이 구원을 얻게 될 것이다.

하나님께서는 이방인의 충만한 수(πληρωμα, 프레로마, 선택받은 자의 수)가 차기까지 기다리시며, 충만한 수가 찼을 때 이스라엘의 충만한 수인 144,000명이 곧 참 이스라엘의 완전수가 구원을 받게 될 것이다. 이스라엘에 대한 이와 같은 예언은 마지막 때에 이방인들이 예수를 메시아 그리스도로 믿어 영접하여 기독교 국가가 되므로 하나님에게서 놀라운 축복을 받는 것을 보고 시기심이 발동되어 과거에 부인하였고, 십자가에 못 박아 죽였던 그 예수를 메시아로 그 정부가 공인하게 되고, 전 국민이 예수를 메시아로 믿게 되고, 세계에서 부강한 나라가 되는 축복을 받게 될 것이다.

그래서 이사야가 예언한 말씀이다.

그날에 애굽에서 앗수르로 통하는 대로가 있어 앗수르 사람은 애굽으로 가겠고, 애굽 사람은 앗수르로 갈 것이며 애굽 사람이 앗수르 사람과 함께 경배하리라, 그날에 이스라엘이 애굽 및 앗수르와 더불어 셋이 세계 중에 복이 되리니 이는 만군의 여호와께서 복 주시며 이르시되 내 백성 애굽이여, 내 손으로 지은 앗수르여, 나의 기업 이스라엘이여, 복이 있을 지어다 하실 것임이라(사 19:23-25).

이 말씀이 성취되어, 이스라엘과 아집트 그리고 앗수르가 함께 예배드리는 기독교 국가가 되고 세계에서 3대 부강한 나라들이 될 것이다. 그리하여 스가랴 선지자가 예언한 대로 말세에 이스라엘이 축복의 중심이 될 것이다.

만군의 여호와가 이와 같이 말하노라 다시 여러 백성과 많은 성읍의 주민이 올 것이라, 이 성읍 주민이 저 성읍에 가서 이르기를 우리가 속히 가서 만군의 여호와를 찾고 여호와께 은혜를 구하자 하면 나도 가겠노라 하겠으며, 많은 백성과 강대한 나라들이 예루살렘으로 와서 만군의 여호와를 찾고 여호와께 은혜를 구하리라. 만군의 여호와가 이와 같이 말하노라, 그 날에는 말이 다른 이방 백성 열 명이 유다 사람 하나의 옷자락을 잡을 것이라 곧 잡고 말하기를 하나님이 너희와 함께 하심을 들었나니 우리가 너희와 함께 가려 하노라 하리라 하시니라(슥 8:20-23).

그리하여 창세기 12장 3절에 최초에 아브라함에게 하셨던 예언이 성취될 것이다.

너를 축복하는 자에게는 내가 복을 내리고 너를 저주하는 자에게는 내가 저주하리니 땅 의 모든 족속이 너를 인하여 복을 얻을 것이니라(창 12:3).

그리고 이사야 선지자는 이렇게 예언했다.

> 네가 알지 못하는 나라를 부를 것이며 너를 알지 못하는 나라가 네게 달려 올 것은 나 여호와 네 하나님 곧 이스라엘의 거룩한 자를 인함이니라, 내가 너를 영화롭게 하였느니라(사 55:5).

이처럼 하나님께서는 이스라엘을 구원하기 위해 하나님을 믿지 않는 이방 나라 즉 이집트와 앗수르(페루시아)를 이용하셨고, 하나님은 그 사실을 기억하고 계시다가 말세에 그들에게 큰 축복을 내리시는 것이다. 그러므로 오늘날 기독교 신자가 총인구의 2 퍼센트밖에 안되는 이스라엘을 향해 복음을 전해야 하는 것은 전 세계 교회의 책무요, 또한 한국 교회의 빚(롬 1:14)이기도 하다.

그리고 마지막 때에 이집트와 앗수르와 이스라엘이 세계에서 3대 부강한 나라가 되는 축복을 주시는 것은 또한 다음에 일어날 상황을 위한 예비하심이라고 보아야 할 것이다.

4. 종말론적 현상들

예수님 자신이 세계의 종말에 나타날 현상들을 말씀하셨다. 그 중에서 몇 가지를 말하자면 다음과 같다.

1) 불법이 성하므로 사랑이 식어지리라(마 24:12)

불법이 정의를 삼켜버리는 사회가 되어 불법이 정의를 대신하게 되므로 자연히 사랑의 열기가 식어지고 대인관계가 냉냉하게 되어 살벌한 세상이 되어 갈 것이다.

2) 복음이 전 인류에게 전파되리라(마 24:14)

예수 그리스도의 복음이 전 세계 교회 선교사들의 헌신적인 노력으로 전 인류에게 전파될 것이다. 국경과 인종과 관습과 종교와 이념을 초월하여 복음이 전파될 것이다.

3) 전 세계적으로 모든 국가마다 모든 인종이 혼합하게 될 것이다(단 2:43)

> 왕께서 철과 진흙이 섞인 것을 보셨은즉 그들이 다른 인종과 서로 섞일 것이나 피차에 합하지 아니함이 철과 진흙이 합하지 않음과 같으리이다 (단 2:43).

세계의 마지막 때에는 단일 민족 국가라는 개념이 없어지고, 국가와 민족, 그리고 인종들이 서로 혼합하여 살게 된다. 그러나 서로 융합이 이루어지지 못하고 분쟁과 분리와 다툼이 심화하게 될 것이다.

4) 온 이스라엘이 구원을 받으리라(롬 11:26)

메시아, 그리스도로 오신 예수님을 십자가에 못 박아 죽였던 이스라엘 민족 전체가 예수님을 메시아로 공식적으로 인정하게 되고, 믿게 되고, 회개하여, 구원을 얻게 되는 놀라운 기적이 생길 것이다. 스가랴 선지자도 말세에 이스라엘의 회개를 예언하고 있다. 열국이 일어나 이스라엘을 치려 할 때 이스라엘에 승리의 축복을 주실 뿐만 아니라 "은총과 간구하는 심령을 부어주심"으로 그리스도를 죽인 죄악을 회개하고 열심히 하나님을 구하게 된다(슥 12:1-14).

5) 큰 환난이 있을 것이라(마 24:21)

이는 그때 큰 환난이 있겠음이라, 창세로부터 지금까지 이런 환난이 없었고 후에도 없으리라(마 24:21).

6) 거짓 그리스도들과 거짓 선지자들이 일어나 큰 표적과 기적을 행하므로 사람들을 미혹한다(마 24:24)

7) 먼저 배교하는 일이 있고, 불법의 사람 곧 멸망의 아들이 나타나 자기를 하나님이라고 내세우리라(살후 2:3-4)

제2장

하나님의 마지막 재앙

1. 하나님의 마지막 재앙(계 15:1; 16:1-21)

＊ 일곱 가지 재앙을 쏟으심

	차 례	어디에	내 용	대상과 결과
1	첫째 대접	땅에	악하고 독한 종기가 남	짐승의 표를 받은자들과 그 우상에게 절하는 자들에게
2	둘째 대접	바다에	바다가 피가됨	바다의 모든 생물이 죽음
3	셋째 대접	강과 물근원	강과 물이 피가됨	성도와 선지자들을 죽인 세상 사람들로 피를 마시게함
4	넷째 대접	해에	불로 사람들을 태움	사람들이 크게 태워짐
5	다섯째 대접	짐승의 보좌	그 나라가 어두워지고 아픔과 종기로 고통함	하나님을 훼방하고 회개치않음
6	여섯째 대접	유브라데 강	강물이 말라버림	동방에서 오는 왕들의 길이 열리다. 전쟁을 준비한다. 더러운 세 영이 그 왕들을 아마겟돈으로 모음
7	일곱째 대접	공기 가운데	큰 지진이 발생	큰 성이 갈라짐, 만국의 성들이 무너짐, 섬도 산악도 간데 없음, 한 달란트나 되는 우박이 내림, 사람들이 하나님을 훼방함

　지금까지(계 4장-14장) 하나님께서는 세상과 교회에 대하여 다양한 방법으로 심판을 진행해 오셨다. 그리고 요한계시록 15장에 이

르러서는 마지막 재앙을 내리신다고 선언하고 계신다.

> 또 하늘에 크고 이상한 다른 이적을 보매 일곱 천사가 일곱 재앙을 가졌으
> 니 곧 마지막 재앙이라 하나님의 진노가 이것으로 마치리로다(계 15:1).

이 말씀 중에 숫자는 영적 의미가 있는데, 일곱 숫자는 하나님의 완전(完全)하심과 최종성(最終性)을 나타내는 것이다. 일곱 천사가 마지막 재앙을 준비하고 있는 동안에 사탄의 기만적 삼위일체인 마귀와 적그리스도와 악령과의 싸움에서 승리한 순교자들이 하나님의 거문고를 가지고 하나님의 종 모세의 노래, 어린양의 노래를 부르고 있다.

> 주 하나님 곧 전능하신 이시여 하시는 일이 크고 놀라우시도다. 만국의 왕
> 이시여 주의 길이 의롭고 참되시도다. 주여 누가 주의 이름을 두려워하지
> 아니하며 영화롭게 하지 아니하오리이까. 오직 주만 거룩하시니이다. 주의
> 의로우신 일이 나타났으매 만국이 와서 주께 경배하리이다(계 15:3-4).

순교한 성도들이 모세의 노래와 어린양의 노래를 부른다는 것은 육체적 구원과 영적 구속의 노래를 노래함을 의미하는 것이다. 이스라엘 민족이 출애굽 당시에 깊은 바다 홍해 속으로 마른 땅을 밟아 건너온 후에 그 뒤를 따르던 이집트 바로 왕을 비롯한 온 군대를 홍해 물결 속으로 수장시켜 버리신 하나님의 전능하신 권능의 도우심을 찬양했듯이, 지금은 승리한 성도들이 자기들을 도와주신 하나

님의 역사하심이 너무나 기이하므로 찬양하고 있다.

사도 요한은 그다음으로 하나님의 마지막 심판이 시작되려는 광경을 보고 있다.

"하늘의 증거 장막"이란 하나님 자신이 계신 곳을 의미하는데 그 증거 장막이 열리며 일곱 천사가 그 성전에서부터 나오고 한 생물이 하나님의 진노가 가득히 담긴 금 대접 일곱을 그 일곱 천사에게 주니, 하나님의 영광과 능력으로 말미암아 성전에 연기가 가득차매 일곱 천사의 일곱 재앙이 마치기까지는 성전에 능히 들어갈 자가 없더라.

일곱 천사에게 주어진 금 대접은 φιαλη χρυσος (휘아레- 크뤼소스)인데 향을 담고 성전으로 가지고 가던 접시와 거의 흡사한 납작한 대접이다.

성전에 계신 하나님께서 큰 음성으로 일곱 천사에게 "너희는 가서 하나님의 진노의 일곱 대접을 땅에 쏟으라고 명령하신다." 오랜 세월 동안 참아 오시던 하나님의 인내하심이 지금 끝나고 마지막에 도달한 것이다. 온 세상에 마지막 심판이 다가온 것이다.

하나님의 연자 맷돌이 천천히 돌고 있으며, 계속해서 돌고 있으며, 지금은 마지막 곡식이 맷돌 속으로 들어가고 있다. 심판의 기계가 가동되었고, 창조주 하나님이 진노의 마지막 재앙이 끝나기까지 쉬지 아니할 것이라고 말씀하신다. 이 재앙들은 어느 일정한 지역에 국한된 것이 아니라, 지구 전체에, 인류 전체에게 임하는 재앙으로써 심판적 재앙이다.

1. 첫째 재앙

첫째 천사가 그 대접을 땅에 쏟으매 짐승의 표(χαραγμα, 카라그마, mark)를
받은 사람들과 그 우상에게 경배하는 자들에게 악하고 독한 종기가 나더라
(계 16:2).

지독한 종기란 의학적으로 말하면 내적 부패의 외적 표현인 것이
다. 사람의 몸 안에서 부패한 독이 겉으로 표출되는 것이다. 출애굽
당시에 애굽에 내려진 재앙 중에서 여섯 번째 재앙이 독종(毒腫)이
었다(출 9:8-11). 이 병은 불치의 병이요, 사망에 이르는 병이다.

사탄은 오랜 세대를 거쳐서 하나님의 무수한 성도들을 괴롭혀 왔
으나 성도들은 오히려 하나님께 영광을 돌려왔다. 그러나 사탄을
추종하는 사람들의 마음은 하나님을 모독함으로 가득 차 있다. 그
러므로 하나님의 최후 재앙을 내려 심판하심은 공의로운 것이다.

2. 둘째 재앙

둘째 천사가 그 대접을 바다에 쏟으매 바다가 곧 죽은 자의 피같이 되니
바다 가운데 모든 생물이 죽더라(계 16:3).

성경 해석상 바다는 이 세상을 의미하기도 한다. 그러나 첫째 재
앙이 땅에 쏟아진 것을 보면 문자 그대로 바다로 해석함이 맞을

것이다.

성경에서 피는 생명에 있어서는 항상 구원의 상징이 되어 왔는데 여기 죽음에서는 정죄의 상징이 되어 있다. 하나님의 재앙으로 말미암아 바다가 피로 변하고 모든 물고기가 죽고 있다.

그리고 하나님의 바람이 온 지면에 죽음을 불고 있다. 생명이신 그리스도의 피에서 주어지는 구원을 거부한 사람들은 지금 사망을 상징하는 피로 정죄를 받고 있다. 그리고 인간의 죄악 때문에 바다에 있는 피조물들이 탄식하며 죽어가고 있다.

사도 바울은 말하고 있다.

> 피조물이 다 이제까지 함께 탄식하며 함께 고통을 겪고 있는 것을 우리가 아느니라(롬 8:22).

3. 셋째 재앙

> 셋째 천사가 그 대접을 강과 물 근원에 쏟으매 피가 되더라(계 16:4).

강과 물 근원은 인간에게 있어서 생명줄과도 같은 것이다. 왜냐하면, 인간은 물이 없이는 생존할 수 없기 때문이다. 그래서 인류의 문명은 어디에서나, 어느 시대에서나 강과 물 근원을 끼고 시작이 되었고 존속해 왔다. 이제 하나님께서 강과 물 근원에 재앙의 대접을 쏟으시는 것은 인간의 생존을 근본적으로 멸절시키시겠다는 뜻이다. 인류의 생명과 문명까지 완전히 멸절시키시겠다는 뜻이다.

모세 시대에 애굽에 내려졌던 하수로 피가 되게 하셨던 재앙과 지금 마지막 재앙 사이에 공통점은 문자 그대로 재앙이라는 점이다. 모세는 하나님의 말씀을 따라 지팡이를 들어 애굽의 물을 쳤을 때다.

> 그 물이 다 피로 변하고 하수의 고기들이 죽고 그 물에서는 악취가 나니, 애굽 사람들이 하수물을 마시지 못하며 애굽 온 땅에는 피가 있었다 (출 7:20-21).

과거에는 지구상에 한 지역 곧 애굽 땅에 있는 하수와 샘에 발생했던 피의 재앙이 지금 셋째 재앙의 대접이 쏟아지는 순간 지구 온 땅의 모든 물과 모든 샘에 일어난다. 한편 물을 차지한 천사의 외치는 소리가 들려온다.

> 전에도 계셨고 지금도 계신 거룩하신 이여 이렇게 심판하시니 의로우시도다. 그들이 성도들과 선지자들의 피를 흘렸으므로 그들에게 피를 마시게 하신 것이 합당하니이다(계 16:5-6).

성도들과 선지자들의 피를 흘렸던 그들은 자기들의 왕들에게서 큰 상급을 받았을 것이며, 사람들에게서 칭찬을 받았다. 그러나 지금은 스스로 마셔야 할 피를 받는 것이다. 일찍이 하나님께서 "다른 사람의 피를 흘리면 그 사람의 피도 흘릴 것이니 이는 하나님이 자기 형상대로 사람을 지으셨음이니라"(창 9:6)고 말씀하시며 보복의 원리를 설정하신 바 있으시다.

이번에는 제단에서부터 천사의 외치는 소리가 들려 온다.

> 또 내가 들으니 제단이 말하기를 그러하다 주 하나님 곧 전능하신 이시여
> 심판하시는 것이 참되시고 의로우시도다 하더라(계 16:7).

지금까지 심판을 예언하시든 하나님을 조롱하든 모든 소리가 잠
잠해졌다. 이것은 하박국 선지자의 예언이 성취되는 순간이다.

> 오직 여호와는 그 성전에 계시니 온 천하는 그 앞에서 잠잠할지니라
> (합 2:20).

죄인이 무슨 말을 할 수 있으리오?

모든 입이 다물어질 뿐이다. 하나님의 두 천사의 증거가 하늘에
서 말씀될 때 어느 누가 감히 아니라고 말할 수 있으리오.

4. 넷째 재앙

> 넷째 천사가 그 대접을 해에 쏟으매 해가 권세를 받아 불로 사람들을 태우
> 니 사람들이 크게 태움에 태워진지라, 이 재앙들을 행하는 권세를 가지신
> 하나님의 이름을 비방하며 또 회개하지 아니하고 주께 영광을 돌리지 아니
> 하더라(계 16:8-9).

넷째 천사가 해(태양)에 하나님의 진노 대접을 쏟으니 직접 사람들이 큰불에 타고 그을리는 결과가 생겼다. 이 말씀을 문자 그대로 해석한다면 다음과 같은 중요한 말씀들이 있다. 태양 숭배의 근원은 시날 평지에서 직접 도래했으며 우리가 그 근원을 이해하기 위해서는 창세기로 되돌아가야 할 것이다. 노아의 후예가 땅에 번성하기 시작했을 때 구스의 아들 니므롯이라는 한 사람이 일어났다.

> 그는 세상에 첫 용사(영걸)라, 그가 여호와 앞에서 용감한 사냥꾼이 되었으므로 속담에 이르기를 아무는 여호와 앞에 니므롯같이 용감한 사냥꾼이로다 하더라, 그의 나라는 시날 땅의 바벨과 에렉과 악갓과 갈레에서 시작되었다(창 10:8-10).

니므롯(נמרוד)이라는 이름은 히브리어의 "마랏"(marad)(반항한다)이라는 말에서 유래한 것이다. 성경의 형식으로는 형태와 사상에 있어서 "우리가 반항하리라" 혹은 "와서 반항하자"라고 번역될 수 있는 것이다. 그리고 "여호와 앞에"라는 말은 "여호와께 도전한다"는 말이 될 수 있는 것이다.

역사가 요세푸스(Josephus)는 말한다.

> 니므롯은 인류가 자기들의 행복의 원인을 하나님께 돌리지 못하게 했다. 그리고 그는 인간이 자기 자신의 능력을 신뢰케 하는 것보다 하나님을 두려워하는 데서 인간을 떼어놓는 다른 방법이 없다고 생각하여 즉시 사물을 폭정으로 변경시켜 버렸다.

그리고 요나단의 타르굼(The Targum of Jonathan)은 "세계가 시작된 이후 니므롯과 같이 사냥에 능력이 있고, 여호와께 반항적인 사람은 일찍이 찾아볼 수 없었다"라고 말하고 있다.

또한, 예루살렘 타르굼(The Jerusalem Targum)은 말하고 있다.

> 그는 사냥함에 있어서나 하나님 앞에 악을 행함에 있어서 능력이 있었다. 왜냐하면, 그는 사람의 아들들을 사냥하는 사냥꾼이었기 때문이다. 그리고 그는 사람들에게 너희는 여호와의 심판에서 떠나라, 그리고 니므롯의 심판을 지지하라고 말했다. 그러므로 니므롯처럼 강하고, 사냥에 강하고, 여호와 앞에 악을 행함에도 강하라고 일컬어진다.
>
> (Targum : "해석"이라는 뜻을 지니고 있다. 구약성경의 아람어 번역본 혹은 주해서이다. 히브리어를 모르는 유대인들을 위해 만들어진 것이다.)

시날 평지에서 인류가 처음으로 경배했던 태양에 대해 재앙의 대접을 쏟는다는 이러한 언급을 한 것은 매우 의미 깊은 일이다. 사탄이 요한계시록에 있어서 창세기 3장의 말씀과 어떤 관계로 "옛뱀"(계 12:9)이라고 불리고 있는 것같이 태양에 대해 선언된 심판이 하나님의 진리를 거짓 것으로 바꾸어 피조물을 조물주보다 더 경배하고 섬긴"(롬 1:25) 마귀들의 사악한 우두머리에 관한 것이라고 우리는 믿고 있다.

태양 숭배는 시날 평지에서 니므롯과 그의 추종자들에 의해 처음으로 시작되었으며, 바벨론에 태양 숭배의 첫 신전이 세워졌다. 이

것이 인류의 언어를 혼동케 하고 지구 전역에 인류를 흩어지게 한 배교였다. 그들은 말했다.

> 서로 말하되 벽돌을 만들어 견고히 굽자 하고 이에 벽돌로 돌을 대신하며, 역청으로 진흙을 대신하고(창 11:3).

> 또 말하되 자 성과 대를 쌓아 대 꼭대기를 하늘에 닿게 하여 우리 이름을 내고 온 지면에 흩어짐을 면하자 하였더니(창 11:4).

히브리어를 축자적으로 읽어 보면 "우리가 도시와 탑을 건설하자, 그 탑의 꼭대기는 하늘에…"라고 되어 있다. 신전 탑의 꼭대기에 일월성신, 혹은 십이궁이라고 알려진 것이 나타나 있다. 그래서 니므롯의 추종자들이 그러한 신전을 건설하기로 한 것이다. 이러한 형식으로 마귀를 숭배하는 일이 시작되었다. 인류가 언어의 혼돈으로 열국으로 흩어짐으로 이러한 사상이 전 세계로 옮기게 된 것이며, 모든 이교 사상이 여기에서부터 유래하게 되었다.

그러므로 우리는 하나님께서 사탄의 사상이 생성되는 바벨론을 완전히 멸망시키기 전에 태양에 대한 심판과 그 배후에 있는 사탄에 대한 심판을 선언하시는 이유를 더욱 명확히 알 수 있게 된다.

그래서 하나님께서는 선민 이스라엘 민족에 대해서는 이렇게 명령하셨다.

네 하나님 여호와께서 네게 주시는 어느 성중에서든지 너희 가운데에 어떤 남자나 여자가 네 하나님 여호와의 목전에 악을 행하여 그 언약을 어기고 가서 다른 신들을 섬겨 그것에게 절하며 내가 명령하지 아니한 일월성신에게 절한다 하자, 그것이 네게 알려지므로 네가 듣거든 자세히 조사해 볼지니 만일 그 일과 말이 확실하여 이스라엘 중에 이런 가증한 일을 행함이 있으면 너는 그 악을 행한 남자나 여자를 네 성문으로 끌어내고 그 남자와 여자를 돌로 쳐 죽이라(신 17:2-5).

그리고 인류를 구원하시는 구속사적인 면에서 선택한 이스라엘이라 할지라도 그들이 악을 행하고 죄를 범하며 일월성신을 숭배했을 때에는 하나님께서 진노를 격발하셨던 사실들을 우리는 성경에서 많이 찾아볼 수 있다.

모세는 믿지 않고 순종치 않는 자들에 대해 말했다.

그러므로 내 분노의 불이 일어나서 스올의 깊은 곳까지 불사르며 땅과 그 소산을 삼키며 산들의 터도 불타게 하는도다. 그들이 주리므로 쇠약하며 불같은 더위와 독한 질병에 삼켜질 것이라 내가 들짐승의 이와 티끌에 기는 것의 독을 그들에게 보내리라(신 32:22-24).

말라기 선지자는 말했다.

만군의 여호와가 이르노라 보라 용광로 불같은 날이 이르리니 교만한 자와 악을 행하는 자는 다 지푸라기 같을 것이라 그 이르는 날에 그들을 살라 그 뿌리와 가지를 남기지 아니할 것이로되(말 4:1).

이사야 선지자도 이에 알맞은 예언을 했다.

땅이 슬퍼하고 쇠잔하며 세계가 쇠약하고 쇠잔하며 세상 백성 중에 높은 자가 쇠약하며 땅이 또한 그 주민 아래서 더럽게 되었으니 이는 그들이 율법을 범하며 율례를 어기며 영원한 언약을 깨뜨렸음이라, 그러므로 저주가 땅을 삼켰고 그중에 사는 자들이 정죄함을 당하였고 땅의 주민이 불타서 남은 자가 적도다(사 24:4-6).

그리고 실질적으로 이스라엘 민족 자체가 태양신을 수입하여 숭배했다.

유다 모든 성읍에서 산당과 태양 상을 없이 하매 나라가 그 앞에서 평안함을 얻으니라 (대하 14:5).

어호외의 전을 등지고 낯을 농으로 향하여 동방 태양에 경배하더라 (겔 8:16).

너희 제단이 황무하고 태양 상이 훼파될 것이며… 너희 태양 상들이 찍히며(겔 6:4-6).

태양신 숭배에 대해 하나님의 진노를 말씀하고 있다. 또한, 예레미야 선지자도 말하고 있다.

> 그들의 사랑하며 섬기며 순복하며 구하며 경배하던 해와 달과 하늘의 뭇 별 아래 쬐리니(렘 8:2).

그리고 현대사에서 한 가지 실례를 들자면, 제2차 세계대전 당시 태평양 전쟁을 일으켰던 일본은 태양신을 숭배하며, 천황을 태양신의 아들이라고 하여 신격화(神格化)하여 숭배했다. 그 결과 하나님께서는 원자탄 두 개로 두 도시(히로시마와 나가사키)에 있는 수많은 사람을 불태워 심판하셨던 일이 있다. 이러한 것으로 미루어 보아 태양을 숭배하는 인간들에게 무서운 심판이 내려져야 한다는 사실을 쉽게 이해할 수 있는 것이다.

5. 다섯째 재앙

> 또 다섯째 천사가 그 대접을 짐승의 왕좌에 쏟으니 그 나라가 곧 어두워지며 사람들이 아파서 자기 혀를 깨물고 아픈 것과 종기로 말미암아 하늘의 하나님을 비방하고 그들의 행위를 회개하지 아니하더라(계 16:10-11).

앞에서 주님께서는 하늘과 공중에 있는 사탄을 대적하셨고, 지금은 지상에 있는 사탄의 세력을 대적하시는 순간이다. 지상에 있는 사탄의 요세의 문들을 향해 전쟁이 가해지고 있다.

그렇다면 지상에 사탄의 권세가 집중된 장소가 있는 것인가?

성령께서는 사도 요한에게 계시로 버가모에 사탄의 권좌가 있다고 알려 주셨다(계 2:13). 히스랍(Hislop)의 "두 개의 바벨론"을 연구한 사람이라면 사탄의 권좌가 버가모에 있기 전에 바벨론에 있었다는 사실을 분명히 알 수 있을 것이다. 짐승의 왕좌는 사탄의 권세 중심부와 근원이다.

결국, 주님께서는 현재 지상에 있는 사탄의 통치 중심부에 전쟁을 시작하신 것이다. 사탄은 적그리스도로 나타나고, 그의 입은 하나님을 모독하는 말로 가득 차고, 교만하며, 사람들은 감탄한다.

누가 그 짐승과 같을꼬?

누가 감히 그와 싸우리오?

그러나 그에 대한 응답이 즉시 이르러 하나님께서 사탄과 더불어 싸우시는 것이다.

다섯째 천사가 다섯째 대접을 쏟으시므로 사탄의 통치 중심부에 전쟁을 걸으시는 것이다. 그 순간 사탄의 전체적 왕국은 즉시 완전히 암흑이 되고 만다. 성경에는 암흑에 관한 말씀들이 많이 있다. 하나님께서는 애굽에 아홉 번째 재앙으로 암흑으로 강타하시므로 원수에 대하여 하나님의 능력을 나타내셨다. 캄캄한 흑암이 사흘 동안 애굽 온 땅에 지속하였으나, 이스라엘 민족이 거하는 그곳에는 광명이 있었더라(출 10:21-23) 이다.

그리고 지상에 임할 흑암에 관한 예언 몇 가지를 소개하면 다음과 같다.

보라 어둠이 땅을 덮을 것이며 캄캄함이 만민을 가리려니와 오직 여호와께서 네 위에 임하실 것이며 그의 영광이 네 위에 나타나리니(사 60:2).

곧 어둡고 캄캄한 날이요, 빽빽한 구름이 끼인 날이라 새벽빛이 산꼭대기에 덮인 것과 같으니 이는 많고 강한 백성이 이르렀음이라, 이 같은 것이 자고이래로 없었고 이후 세세에 없으리로다(욜 2:2).

그가 범람한 물로 그곳을 진멸하시고 자기 대적들을 흑암으로 쫓아내시리라(나 1:8).

또한, 주님 자신도 말씀하셨다.

그때 그 환난 후 해가 어두워지며 달이 빛을 내지 아니하며 별들이 하늘에서 떨어지며 하늘에 있는 권능들이 흔들리리라(막 13:24-25).

우리가 하나님의 이와 같은 여러 말씀에 근거해 볼 때 지상에나 혹은 적그리스도가 통치하는 그 중심부에 문자 그대로의 흑암의 때가 올 것이라는 결론에 이르게 되는 것이다.

그리고 첫째 대접이 쏟아질 때 그 쓰리고 비탄스러운 고통이 내적 부패의 외부적 표출의 상징이었던 것처럼 적그리스도의 왕국에 내려지는 흑암은 적그리스도를 경배하는 사람들에게 임할 더욱 극심한 영적 흑암의 상징이기도 한 것이다.

거짓 선지자가 사람들에게 위대한 기사와 기적과 표적을 보이는 능력을 행하므로 많은 무리를 적그리스도 숭배의 길로 유혹했지만 (계 13:13-14), 지금은 이 빛은 사라지고 이 빛에 행하던 사람들은 지독한 암흑 가운데 있게 된다.

다만 사십 이 개월 동안의 권세를 가지고 있는 적그리스도(계 13:5)와 그의 추종자들은 그 고통 속에서 하나님께 대항하는 모독의 소리로 외친다. 그들에게는 죄를 깨닫거나 회개함은 전혀 없다. 사탄이 다스리는 위대하고 찬란해 보였던 장면은 수개월에 끝나 버리고, 사건들도 끝이 나고, 두 바벨론이 멸망하고 아마겟돈 전쟁이 준비될 것이다.

인간들은 하나님을 모독할 수 있을지라도 하나님의 주권적 의지는 반드시 행사될 것이며, 하나님께서 약속하신 모든 것은 하나님께서 성취하실 것이다.

6. 여섯째 재앙

또 여섯째 천사가 그 대접을 큰 강 유브라데에 쏟으매 강물이 말라서 동방에서 오는 왕들의 길이 예비되었더라. 또 내가 보매 개구리 같은 세 더러운 영이 용의 입과 짐승의 입과 거짓 선지자의 입에서 나오니 그들은 귀신의 영이라, 이적을 행하여 온 천하 왕들에게 가서 하나님 곧 전능하신 이의 큰 날에 있을 전쟁을 위하여 그들을 모으더라. 보라 내가 도둑같이 오리니 누구든지 깨어 자기 옷을 지켜 벌거벗고 다니지 아니하며 자기의 부끄러움을 보이지 아니하는 자는 복이 있도다. 세 영이 히브리어로 아마겟돈이라 하는 곳으로 왕들을 모으더라(계 16:12-16).

1) 유브라데강

에덴 동산이 발원지가 되어 비손강, 기혼강, 힛데겔강 그리고 유브라데강을 이루어 인류 문명의 발상지가 되었다(창 2:10-14). 그중에 유브라데강은 전 역사를 통해 볼 때 경계를 정하는 역할을 해왔음을 알 수 있다.

세이스(Seiss)는 다음과 같이 기록하고 있다.

> 유브라데강은 우리가 기억할 수 없는 시대부터 그 지류들과 함께 동쪽과 서쪽 사람들 사이에 크고 방대한 경계를 이루어 왔다. 유브라데강은 1,800 마일이나 되는 길이이며, 그 넓이는 300야드에서 1,200야드까지이며, 깊이는 10피드에서 30피드가 된다. 대부분은 그 이상 깊으며, 그 이상 넓기도 하다. 유브라데강은 솔로몬이 통치하던 경계이며 이스라엘에 약속된 땅의 동북 경계이다 …… 역사적으로 유브라데강은 군대가 이동하는데 큰 장해물이었다. 그리고 언제나 그 강의 동쪽에 사는 사람과 서쪽에 사는 사람들을 구별 짓는 경계선이 되어 왔다.

인간들의 왕래가 거의 불가능하게 했던 이 유브라데강이라는 장벽을 이제 하나님께서 제거하려고 하고 계신다. 희랍어의 동쪽이라는 일반적인 말은 ανατολη(아나톨레)인데 아나토리아(Anatolia)라는 지도상의 명칭에서 유래된 것이다. 그 말은 문자 그대로 해가 뜬다는 뜻인데, 해(태양)에 해당하는 단어가 부가되어 있으므로 문자 그대로 해석한다면 "해 뜨는 데서 오는 왕들의 길이 마련되더라"가 된다.

이제 하나님께서 그 유브라데강을 향해 여섯 번째 대접을 쏟으시니 강물이 그 근원에서부터 완전히 말라버리고 말았다. 우리는 모세가 홍해를 향해 지팡이를 내렸을 때 그 깊은 홍해가 양쪽으로 갈라져 마른 길이 열렸던 기적과 여호수아가 제사장들로 범람한 요단강 물속으로 발을 내디디게 했을 때 요단강 한가운데에 마른 땅 길이 생겨 모두가 무사히 통과했던 기적을 알고 있다.

이사야 선지자도 예언한 바 있다.

> 여호와께서 애굽 해만을 말리시고 그의 손을 유브라데 하수 위에 흔들어 뜨거운 바람을 일으켜 그 하수를 쳐 일곱 갈래로 나누어 신을 신고 건너가게 하실 것이라(사 11:15).

그렇다면 동방에서 오는 왕들이란 어느 나라인가?

유브라데강을 경계로 본다면 해 뜨는 쪽의 강대국은 인도와 중국이 그 대표가 아니겠는가?

> 개구리 같은 세 더러운 영이 용의 입과 짐승의 입과 거짓 선지자의 입에서 나오니 그들은 귀신의 영이라, 이적을 행하여 온 천하 왕들에게 가서

하나님 곧 전능하신 이의 큰 날에 있을 전쟁을 위하여 그들을 모으더라
(계 16:13-14).

하나님이 애굽에 내리셨던 두 번째 재앙이 개구리 재앙이다. 애굽인들은 개구리를 다산(多産)의 신, 섹스의 신으로 숭배했기 때문에 개구리를 재앙의 대상으로 삼으셨다. 지금 "개구리 같은 더러운 영"이란 그러한 의미 때문이다. 용은 공중(영계)의 권세를 잡은 사탄이요, 짐승은 세상 권력을 의미하고, 거짓 선지자는 종교적 세력을 의미한다.

그래서 이 셋이 적그리스도의 삼위일체의 형태로 온 천하를 충분히 미혹하리만큼 큰 능력으로 기적들을 행하므로 온 천하의 왕들을 미혹하여 혹은 강제적으로 굴복시켜 전능하신 하나님의 큰 날 곧 심판의 날에 있을 전쟁을 위하여 온 천하 왕들과 그 군대들을 모으게 된다.

세 영이 히브리어로 아마겟돈이라 하는 곳으로 왕들을 모으더라(계16:16).

사탄은 자기 때가 얼마 남지 않은 것을 알기 때문에 분노하여 최후 발악으로 활동하는 것이다. 그렇지만 그들의 활동은 최후 심판자이신 예수 그리스도의 계획에 따라 움직일 뿐이다. 적그리스도의 지배 아래 열방이 모두 아마겟돈으로 모이게 된다.

2) 아마겟돈

아마겟돈(Αρμαγεδδων)(아르마겟돈)이라는 명칭은 "므깃도"(מגדו)의 별명인데 "살해의 산"이라는 뜻이다. 이 단어의 히브리어 형태는 Har meghiddo(하 므깃도)이다. 이곳은 므깃도의 도시 혹은 므깃도의 골짜기로 알려진 에스드레론(Esdrelon)의 대평야를 칭하는 것임이 틀림없을 것이다.

이 평원은 일찍이 여호수아가 하솔 왕 야빈의 연합군을 멸절시킨 곳이며(수 11장), 삼손이 불레셋 사람들을 이긴 장소요, 기드온의 300명 군사가 미디안 대군대를 이긴 장소이기도 하다. 어린 다윗이 골리앗 장군을 죽이고 전쟁을 이스라엘의 승리로 이끌었던 장소이다. 요시야왕이 죽은 곳이며(왕하 23:29), 아하시야왕이 죽은 곳이기도 하다(왕하 9:27), 이 아마겟돈이라는 대평원이 인류 마지막 대전쟁의 장소, 살해의 장소가 될 것이다.

개구리 같은 세 더러운 영이 용의 입과 짐승의 입과 거짓 선지자의 입에서 나와서 적그리스도의 세력을 발휘하여 세계정부(Global Government)의 지도자가 되고 만국의 왕들을 미혹시켜 각 나라의 군대를 동원하여 아마겟돈으로 모이게 하고, 최후의 세계적 전쟁을 준비하게 된다. 그리하여 우리의 상상을 초월하는 대군사력을 형성하여 이슬람 문명권의 세력을 과시할 것이다.

적그리스도가 주도하는 전쟁의 대상은 이스라엘이다. 하나님의 축복으로 매우 부강한 나라가 된 것을 보고 악의 분노가 격발하여 만국의 왕들을 미혹하고 동맹을 맺어 소집하게 되는 것이다.

한편 이스라엘은 기독교 국가로서 축복의 중심이 되어 기독교 국가가 된 이집트와 앗수르가 연합하고, 서방의 강대국과 여러 나라들과 연합을 이루고, 기독교 문명권(文明圈)의 결속을 형성하게 될 것이다.

스가랴 선지자는 다음과 같이 예언하고 있다.

> 많은 백성과 강대한 나라들이 예루살렘으로 와서 만군의 여호와를 찾고 여호와께 은혜를 구하리라, 만군의 여호와가 이와 같이 말하노라, 그날에는 말이 다른 이방 백성 열명이 유다 사람 하나의 옷자락을 잡을 것이며 곧 잡고 말하기를 하나님이 너희와 함께하심을 들었나니 우리가 너희와 함께 가려 하노라 하리라 하시니라(슥 8:22-23).

여기에서 우리는 미국의 학자 사무엘 헌팅톤(Samuel P. Huntington)의 저서 『문명의 충돌』(*The Clash of Civilizations*)로 눈길을 돌려 보도록 하자. 지난 1400년 동안의 역사는 서구 문명, 특히 정교를 포함한 기독교와 이슬람교와의 관계는 폭력으로 얼룩져 있다. 그들은 상호 강한 적대감을 가지고 있다.

20세기에 표출된 자유 민주주의와 마르크스 레닌주의의 갈등은 이슬람과 기독교 사이의 지속적이고 뿌리 깊은 갈등관계에 비하면 일시적이고 표피적인 역사 현상에 지나지 않는다. 때로는 평화적 공존의 시기도 있었지만, 이들의 관계는 대체로 극심한 경쟁과 다양한 강도의 열전(熱戰)관계였다.

존 에스포지토 (John Esposito)가 지적하듯이 역사적 역학관계로 보아 두 공동체는 흔히 경쟁관계에 있었고 때로는 패권, 영토, 정신을 놓고 처절한 싸움을 벌였다. 유럽은 끊임없이 이슬람의 위협에 시달렸다. 이슬람은 지금까지 최소한 두 번에 걸쳐 서구의 생존을 위협한 경력이 있는 유일한 문명이다. 이슬람과 서구가 다시금 충돌하는 원인은 권력과 문화의 근본적 물음으로 귀결된다.

누가 지배하고, 누가 지배당해야 하는가?

한 저명한 인도의 이슬람교도는 1992년 말했다.

서구의 다음번 대결 상대는 분명히 이슬람 세계에서 나올 것이며, 새로운 세계질서를 위한 투쟁은 마그레브에서 파키스탄에 이르는 이슬람 국가들의 주도로 이루어질 공산이 크다.

그리하여 미국, 유럽, 러시아, 인도가 중국, 일본, 이슬람권과 지구 규모의 전쟁을 벌인다.

이 전쟁은 어떻게 종식될 수 있을까?

양 진영은 모두 막대한 양의 핵무기를 보유하고 있으므로 만약 핵무기가 본격적으로 동원되면 주요 교전국들은 모두 초토화된다.

아시아에서는 만일 중국, 일본, 한국이 전쟁으로 초토화되었을 경우 세력의 중심점이 남쪽으로 이동하여 그동안 중립으로 남아있던 인도네시아가 지배국으로 부상하면서 호주와의 공조 아래 동으로는 뉴질랜드에서, 서쪽으로는 미안마, 스리랑카, 북으로는 베트남에 이르기까지 지역 문제의 해결 방향을 규정해 나간다. 아무튼,

세계 정치의 중심점이 남쪽으로 이동한다.

중국은 아시아의 패권(覇權) 국가로서 미국과 대결상태에 있어서 일본은 그 사이에서 머뭇거리다가 중국을 협력하게 될 것이다.

위와 같이 헌팅턴 교수는 기독교 문명과 이슬람 문명의 충돌이 있되, 이것이 바로 세계적 전쟁이 될 것이며, 이것이 바로 대륙 간의 문명의 충돌임을 말하고 있다.

그렇다면 이번에는 영국의 역사학자 아놀드 토인비(Arnold Joseph Toynbee)의 『역사의 연구』(A Study of History)의 내용을 살펴보도록 하자(참고: 토인비는 1956년의 상황으로 말한 것임을 일러둔다).

오늘날 만일 다시 한번 대전(大戰)이 일어난다면, 서유럽 전체가 서유럽화해 가는 세계의 "투기장"으로 바뀔 운명에 놓인 것으로 보인다. 바야흐로 전쟁은 군국주의를 경험한 국민이 군국주의를 말살시킬 경험을 띠어가고 있으며, 결국 국민의 의지는 독재 정부라도 굴복하지 않을 수 없는 힘이 되었다. 세인트 헬레나로 유배된 나폴레옹은 전쟁을 "멋있는 일"이라고 말했는데, 만일 그가 살아있어 핵전쟁을 만났어도 과연 그런 말을 할 수 있는지는 의심스럽다.

인류의 안녕, 아니 인류의 존속 그 자체에 대한 최대 위험은 핵무기의 발명이 아니라 원래 1560년 무렵 서유럽의 종교전쟁이 발발한 이래 약 100년간 근대 초기 서유럽 문명 세계를 지배한 것과 같은 그러한 감정이 현대인의 영혼 속에 고조된 사실이다.

이처럼 불안정하고 전도가 확실치 않은 상황에서는 독단적인 낙관론을 지니는 일이나 독단적인 비관론을 지니는 일도 다 함께 믿을게 못 된다. 현대의 인류는 바야흐로 인류의 존망에 관련되는 중대 문제에 직면하고 있으며, 그 결과가 어떻게 될지 예측할 수 없다는 사실을 있는 그대로 인정하는 일 외에는 방법이 없다.

국제연합은 결국 세계 정부로 향해 필연적으로 성장해나갈 제도적인 핵심이 될 가망은 없는 것으로 보인다. 세계 정부(世界政府)가 생긴다 해도 그것을 국제연합을 통해서가 아니라 이미 이전부터 존속해온 강인한 두 개의 현행 정치조직 중 어느 한쪽 즉 미국 정부나 러시아 정부의 어느 한쪽이 발전된 형태로 형성될 공산이 크다.

만일 현대의 인류가 자유로이 선택할 수 있다면, 이 문제를 판단하는 능력을 갖춘 인간의 대다수가 소련을 따르기보다는 미국을 따르는 길을 선택하리라는 것은 서유럽인의 눈으로 보아 거의 의심할 여지가 없는 바이다. 이처럼 미국을 택하는 인간이 비교할 수 없을 정도로 많은 것은 공산주의 러시아와 대조해 볼 때 특히 두드러지게 눈에 띌 만한 몇 개의 장점을 미국이 갖추고 있기 때문이다.

첫째, 미국인들은 구대륙에서 탈출하려는 소망에 자극되어 구세계에 박고 있던 뿌리를 끊고, 다시 한번 새롭게 출발하기 위해 "신세계"로 찾아온 사람들이다.

둘째, 미국인들에게는 관대함이 있다고 말하고 있다.

이처럼 두 학자 모두 제3차 세계대전이 일어날 것이라고 예견하고 있다. 그리고 그 결과는 전쟁 당사국들이 모두 초토화되고 말리라는 것이다.

만일에 인간이 발명한 원자무기를 사용하면서 그것을 제어할 수 있는 윤리성(倫理性)이 살아난다면 인류는 어느 정도 자멸의 유예 기간을 얻을 수 있을 것이다. 왜 유예 기간이라고 하느냐면 이미 하나님의 심판의 연자맷돌이 돌아가기 시작했기 때문이다. 사탄은 자기의 때가 얼마 남지 않은 줄을 알기 때문에 하나님의 구원 계획에 대항하여 최후 발악을 할 것이다. 그래서 반기독교 세력의 문명권에 속한 지도자들의 마음을 격동시킬 것이다.

기독교 문명권의 자유 민주주의를 대표하는 세계 정부는 미국이 스스로 자처하게 되고, 그리고 그에 대립하여 이슬람 문명권과 공산주의를 대표하는 세계 정부는 아마도 중국 혹은 러시아가 주도적 역할을 하게 되어서, 양 진영이 대립하여 세계적 전쟁을 일으키게 될 것이다.

예수 그리스도께서 말씀하셨다.

> 진실로 너희에게 이르노니 천지가 없어지기 전에는 율법의 일점일획도 결코 없어지지 아니하고 다 이루리라(마 5:18).

토인비는 칼빈의 "예정"을 부정했으나 성경이 말하는 "구원의 예정"은 영원히 진리이며, 최후의 심판이 예정되어 있음도 변함없는 진리이다.

7. 일곱째 재앙

일곱째 천사가 그 대접을 공중에 쏟으매 큰 음성이 성전에서 보좌로부터
나서 이르되 되었다 하시니, 번개와 음성들과 우렛소리가 있고 또 큰 지진
이 있어 얼마나 큰지 사람이 땅에 있어 온 이래로 이같이 큰 지진이 없었
더라. 큰 성이 세 갈래로 갈라지고 만국의 성들도 무너지니 큰 성 바벨론이
하나님 앞에 기억하신바 되어 그의 맹렬한 진노의 포도주 잔을 받으매 각
섬도 없어지고 산악도 간데 없더라. 또 무게가 한 달란트나 되는 큰 우박이
하늘로부터 사람들에게 내리니 사람들이 그 우박의 재앙 때문에 하나님을
비방하니 그 재앙이 심히 큼이러라(계 16:17-21).

사탄의 영향력이 미치는 마지막 하나의 영역이 남아있다. 사탄은
오랫동안 "공중의 권세를 잡은 자로 있어왔다"(엡 2:2). 그리고 사탄
은 지금 자기의 마지막 세력권에서 심판을 받게 되어 있다.

요한계시록 16:17에서 일곱째 천사가 일곱 번째 대접을 공중에
쏟았을 때 하나님께서 "되었다"고 말씀하셨다. "되었다"는 말은 헬
라어로는 "γεγονεν"(게고넨)이다. γινομαι(기노마이)내가 … 되다의
완료형이다.

예수님께서 십자가 위에서 마지막에 외치신 소리는 "다 이루었
다"(요19:30)였는데, τετελεσται(테테레스타이), τελεω(테레오) 완성되
다, 끝이나다, 결론이 나다의 완료형이 사용되어 있다. 주님께서 십
자가상에서 외치신 "다 이루었다"는 뜻은 이 땅에 오신 목적인 인
류를 구속하시는 사업을 완성하셨다는 뜻이다. 지금 일곱째 재앙의

대접이 던져지는 모습을 보시고 "되었다"고 외치신 것은 마지막 심판의 준비가 완료되었다는 뜻이다. 즉, 하나님을 반항한 사탄과 그의 모든 추종자에 대한 최후심판의 준비가 완료되었음을 의미함이다. 그들에게는 더 이상 소망은 없으며, 두 번의 기회도 없다. 더 이상 도움을 받을 길이 없다. 그들에게는 죽음이 임박했으며, 파멸은 결정적이다.

적그리스도의 세력은 하나님을 향하여 최후 발악으로 아마겟돈 전쟁을 일으킬 준비를 완료했으나, 한편 하나님께서는 그들을 심판하실 준비를 완료하신 것이다. 하나님은 대지진과 큰 우박이라는 재앙으로 심판하실 것이다.

이 재앙들은 인류가 이 땅에 존재하기 시작한 이후 인류역사상에 없었던 일이다. 예수님께서 지상에 계셨을 때 "이는 그때 큰 환난이 있겠음이라 창세로부터 지금까지 이런 환란이 없었고 후에도 없으리라"(마 24:21)고 말씀하신 바 있으시다. 그리고 우리는 주님의 예언이 성취되는 것을 보고 있다.

1) 대지진의 발생

이 대지진의 현상은 인류가 존재하기 시작한 이래 전무후무한 일이다. 여기서 말하고 있는 지각변동은 지리학적인 지층의 어긋남이 아니라 지구의 중심부를 맞부딪히며 지구의 전 표면이 지구의 기초에 둘러 미끄러지게 되는 큰 현상이다. 이로 인하여 거대한 도성 바벨론이 파괴되고, 짐승을 숭배하던 성들도 파괴되고, 이방인들의 제국들이 파괴되고 만다.

여기에서 도날드 그레이 반하우스(Donald Grey Barnhouse) 박사는 다음과 같이 말하고 있다.

가장 먼저 큰 지진의 효과가 예루살렘에 나타난다. 그 명칭은 언급되어 있지 않지만, 열국의 도성들에서 구분되어 있으므로 의심의 여지 없이 예루살렘이다. 여기에 예루살렘의 지질적 변동에 관한 몇 예언이 성취되는 순간이 있다. 주님께서 이 순간 직전에 얼마 동안 그 도성의 한 가운데서 활동해 오셨다. 성전 영역이 주님의 사자들(계 11:1)에 의해 점유되었다.

이것은 지구의 어떤 구역에서부터 사탄의 첫 패배를 시사하는 것 같이 여겨진다. 그래서 두 증인이 올라가는 때에 지진이 발생하였고 (계 11:13), 그 도성의 삼분의 일이 파괴된다. 그러나 지금은 이 큰 재난에 있어서 그 도성이 세 부분으로 나누어진다. 이것이 문자 그대로의 물리적인 구분이라는 것은 스가랴의 예언에 상세히 기록되어 있다.

그날에 그의 발이 예루살렘 앞 곧 동쪽 감람산에 서실 것이요 감람산은 그한 가운데가 동서로 갈라져 매우 큰 골짜기가 되어서 산 절반은 북으로, 절반은 남으로 옮기고, … 나의 하나님 여호와께서 임하실 것이요 모든 거룩한 자들이 주와 함께 하리라(슥 14:4-5).

2) 지구상의 모든 도시가 파괴되고 말 것이다

부패와 부정, 정의(正義)를 매매하고, 돈을 신격 시 하고, 극도로 사치하고, 반 아사 상태에 있는 대중을 착취하고, 그리고 그 이상의 죄악들이 벌어지고 있는데 그 모든 일이 이제 끝이 난다. 우리는 의심의 여지도 없이 이 예언이 북경과 필라델피아, 모스크바와 멜버른, 베를린과 부에노스아이레스, 카이로와 케이프타운, 폼페이와 보스톤, 이스탄불과 시카고, 나폴리와 뉴욕에 이루어질 것으로 믿는다.

아주 급속히 모든 도시가 파멸되고 말 것이다. 그래서 하나님께서는 말씀하셨다.

> 나 만군의 여호와가 말하노라, 조금 있으면 내가 하늘과 땅과 바다와 육지를 진동시킬 것이요, 또한 만국을 진동시킬 것이며, 만국의 보배가 이르리니 내가 영광으로 이 전(殿)에 충만케 하리라(학 2:6-7).

이 일은 분명히 현재 문명의 종말을 말함이다.

3) 각 섬도 없어지고 산악도 간데없더라(계 16:20)

대지진의 결과 지구상에 있던 섬들과 산악들이 모두 사라지고 만다.

이것은 지구 자체의 대변동이 발생함을 의미함이다.

4) 큰 우박의 재앙

또 무게가 한 달란트나 되는 큰 우박이 하늘로부터 사람들에게 내리매 사
람들이 그 우박의 재앙 때문에 하나님을 비방하니 그 재앙이 심히 큼이러
라(계 16:21).

이러한 우주적 혼돈의 마지막 장면은 큰 우박이 떨어지는 비참
한 급변의 장면이다. 우박마다 한 달란트의 무게가 되는데, 그 계량
은 금속마다 나라마다 다르다. 유대인들은 은(銀)의 무게의 한 달란
트를 120파운드 내지 96파운드로 계산했고, 다른 금속은 135파운
드로 계산했다. 희랍인들은 86파운드로 계산했고, 바벨론인들은 더
무겁게 계산했다. 아틱(아테네)달란트는 57.7파운드이다.

우박은 대기가 불안정하여 발생한 강한 상승기류에 의해 수직으
로 커다란 소나기 구름이 발달하면서 일어나는 현상으로서, 차가운
공기 중에 있는 냉각 현상으로 말미암아 무거운 구름과 빗방울이
위로 올라가는 자연적 현상이다. 성경에 쓰이는 한 달란트를 96파
운드로 셈한다면 한 달란트는 약 43kg의 무게가 된다.

이렇게도 크고 무거운 우박이 비 오듯 내려서 사람들을 치니 이
박재로 말미암아 사람들이 죽고, 고통을 당하나 인간의 마음은 더
욱 완악해져서 하나님을 비방할 뿐 자기들의 죄악을 회개하지 아
니한다.

제3장

큰 음녀가 받을 심판

요한계시록 17장에서 말하는 "큰 음녀"란 "많은 물 위에 앉은 큰 음녀"(계 17:1)이며, "음녀의 앉은 물은 백성과 무리와 열국과 방언들이니라"(계17:15)고 명시되어 있다. 이 음녀는 전 세계를 지배하는 적그리스도를 의미하는 것이다. 이 세력은 바벨론이라고 묘사되어 있는데 두 가지 바벨론이 있다. 하나는 종교적 바벨론이고, 다른 하나는 상업적(경제적) 바벨론이다.

적그리스도는 종교적 세력으로 전 세계를 지배하고, 자기 수하에 복종시키고 있다. 이것이 종교적 바벨론의 세력이다. 그리고 적그리스도는 상업적, 경제적 세력으로 세계를 지배하고, 자기에게 굴복시키고 있다.

1. 종교적 바벨론인 큰 음녀의 특징

1) 붉은빛 짐승을 타고 있다(계 17:3)

이 짐승의 몸에는 참람 된 이름들이 가득 차 있다. 참람(僭濫)이라는 말은 분수에 넘치게 함부로 한다는 뜻이다. 이 음녀는 자신을 하나님이라고 자칭하는 것이다. 그리고 하나님의 위치에 앉아 모든 것을 자기 마음대로 행한다. 박해받는 몸이어야 하는 교회가 지금은 시저의 왕좌를 차지한다. 정치적으로 교회는 천적 소명의 비전을 상실해져 갔고 지상 왕국을 추구하기 시작했다.

솔로마인(Charlemagne, 서로마 제국의 황제 AD 742-814)은 교황의 손에서 제국의 왕관을 받았다. 교회를 다스리도록 부여된 성령을 그 위치에서 추방하고, 그 대신에 교회의 권좌에 인간들 스스로가 올라앉았다.

2) 자줏빛과 붉은빛 옷을 입고 있다(계 17:4)

자주빛과 붉은빛은 왕의 지배권을 상징한다. 또한, 이것은 성도들의 피와 예수의 증인들 피를 많이 흘려 그 피에 취해있음을 의미하는 것이다. 이 음녀는 종교의 이름으로 진실한 기독교 신자들과 예수의 증인들을 핍박하여 살해하는 독재적 권력자이다.

3) 일곱 머리와 열 뿔이 있음(계 17:4)

이것은 재흥된 로마 제국을 의미함이다. 때로는 제국을 의미하기도 하고, 때로는 제국의 최고 권력자인 적그리스도를 의미한다. 로마 제국은 초대 교회 약 300년 동안은 기독교에 대해 박해를 가하다가, 콘스탄틴 대제가 기독교를 국교로 승인하는 순간부터 교회를 타락의 일로 몰아갔다. 그리고 그 결과 마리아를 "하나님 잉태자"(θεοτοκος)(데오토코스)라 하여 신성 시하고 숭배하게 되고, 교황의 무오설(無謬說)을 주장하여 그를 신의 위치에 두었다.

사제의 결혼을 금지하고, 하나님의 계시 성경을 인간의 이성(理性)을 중요시하는 이성주의(理性主義)에 부합하게 해석하고, 신비적 체험에 치중하여 신비주의에 빠져들고 말았다. 그리고 이에 반대하는 개인이나 집단을 모두 가차 없이 처단하였다. 종교개혁자 존 칼빈은 그의 저서 『기독교 강요』에서 로마 가톨릭과 교황을 지적하여 적그리스도라고 부르고 있다.

칼빈은 이어서 "교황제(敎皇制)는 거짓된 교회이다. 그들은 진리의 말씀을 듣지 않으며, 성경을 구원에 이르는 완전한 하나님의 계시 말씀으로 믿지 않는다. 그래서 하나님의 말씀이 없는 곳에는 교회가 없다. 교황제는 반(反)그리스도적 전제(專制)이다"라고 말했다.

4) 손에 금잔을 가졌는데 가증한 물건과 그의 음행의 더러운 것들이 기득하더라(계 17:4)

금잔은 왕이 마시는 잔이다. 곧 큰 음녀는 왕의 위치에 앉아 손에 금잔을 들고 있다. 그 속에는 가증한 물건과 음행의 더러운 것들이 기득 차 있다. "가증"(可憎)이라는 말은 얄밉게 생각된다는 뜻이다. 하나님의 눈으로 보실 때 가증스로운 것은 우상 숭배이다. 성경적으로 보면 가증은 "우상"과 "우상 숭배"와 동의어이다.

> 또 예루살렘 앞 멸망의 산 오른쪽에 세운 산당들을 왕이 더럽게 하였으니
> 이는 옛 적에 이스라엘 왕 솔로몬이 시돈 사람의 가증한 아스다롯과 모압
> 사람의 가증한 그모스와 암몬 자손의 가증한 밀곰을 위하여 세웠던 것이며
> (왕하 23:13).

또한, 이사야(사 44:19)와 다니엘(단 12:11)도 우상을 가증한 것으로 말하고 있다. 그리고 음행의 더러운 것들이란 영적으로나 육체적으로 타락하여 음란히 행하는 행위를 말함이다.

반하우스 박사는 다음과 같이 말하고 있다.

> 그러므로 마지막 때에 교권주의의 조직이라는 가증한 것이 우상
> 숭배로의 일대 전환을 선언하게 될 것이라고 우리는 감히 말하는
> 바이다.

5) 이마에 이름이 기록되어 있다(계 17:5)

"비밀이라, 큰 바벨론이라, 땅의 음녀들과 가증한 것들의 어미라"
는 이름이다. 이 이름은 하나님을 모독하는 이름이다. 모든 영광을
하나님께 돌리는 대신에 그 영광을 자기가 차지하는 것이다. 하나
님의 자리를 인간이 혹은 조직이, 아니면 사상이 점유하여 세계를
지배하는 권력자로 자처한다. 세계의 모든 왕은 그에게 미혹되어
추종하고 복종할 것이다.

6) 성도들의 피와 예수의 증인들 피에 취한 자(계 17:6)

아벨이 친형 가인의 핍박으로 피를 흘렸으나 땅에 뿌려진 그의
피는 하나님께 호소했다. 가인은 그 피 묻은 손을 물로 아무리 씻
어도 지워지지 않고, 영원히 그 옷에도, 마음에도 생생히 남아있다.
그리고 시대마다 지역마다 그 가인의 후예들이 성도들과 예수의 증
인들 피에 취해있다. 바벨론의 음녀는 이러한 행위를 오히려 하나
님을 위한 충성스러운 행위라고 미화한다.

7) 그 여자는 땅의 임금들을 다스리는 큰 성이라(계 17:18)

"큰 성"($\dot{\eta}$ πολις $\dot{\eta}$ μεγαλη)(헤 포리스 헤 메가레) 이라는 의미는 큰 국
가를 뜻한다. 지상에 있는 모든 나라를 지배하는 독재 권력을 가지
고 있는 국가이며, 거룩하신 하나님을 향하여 정면으로 도전해 오

는 적그리스도의 국가이다. 종교적, 정치적 능력으로 모든 나라를 자기 수하에 두고 좌지우지하는 막강한 권력을 행사하는 국가이다.

2. 상업적 바벨론인 큰 음녀

1) 바벨론

요한계시록 17장에 나타난 종교적 바벨론과 18장에 나타난 상업적 바벨론 사이에 유사점과 차이점이 있다.

(1) 유사점
① 동시에 적그리스도의 지배 아래 있다는 것.
② 여왕과 같이 다스린다는 것.
③ 성도들을 미워하고 성도들의 피를 흘렸다는 것.
④ 음녀라고 칭하는 땅의 왕들과 연합한다는 것.
⑤ 하나님의 심판 아래 놓이게 되고 멸망한다는 것.

(2) 상이점
① 종교적 바벨론은 비밀의 바벨론, 큰 바벨론이라, 음녀들과 가증한 것들의 어미라고 불리운 대신에, 상업적 바벨론은 큰 바벨론, 큰 성 바벨론이라고 불리운다.

② 하나는 정부의 짐승 위에 앉아 있는 음녀의 상징으로 묘사했고, 다른 것은 능력의 도성으로 나타나 있다.

③ 교권적 바벨론을 여자, 음녀, 어미로 표현했고, 상업적 바벨론에서는 귀신의 처소, 큰 성, 능력의 도성, 시장, 불타는 도성으로 표현되어 있다.

④ 하나는 일곱 언덕 위에 세워진 도성, 로마와 일치하고, 다른 것은 바다에서 보이는 항구 도시이다.

⑤ 하나는 종교적 추악성으로 묘사되고, 다른 것은 도시의 상업적 조직 때문에 추악하다고 묘사되어 있다.

⑥ 멸망하는 방법이 다르다. 종교적 바벨론은 너무나 교만하게 지배해 왔던 그 정치적 세력 때문에 멸망하고, 상업적 바벨론은 하나님의 행위에 의하여 멸망한다.

2) 상업적 바벨론의 멸망

하나님 앞에 음녀와 같이 여겨진 상업적 바벨론은 하나님에 의해 멸망할 대상이다. 하나님이 정하신 때가 되면 바벨론은 갑자기 멸망될 것이다. 러시아의 경우를 보면 모든 사업과 상업이 수개월 동안에 멸절되고 말았던 사실을 알고 있다. 이런 일들은 지진으로나, 갑작스러운 평민들의 반란으로 일어날 수도 있는 것이다. 좌우간 여왕의 자리에 앉아 모든 영광을 누리는 자는 "일 시간에"(계 18:10, 19) 재앙을 받게 될 것이다.

그렇게 되면 자연히 상업주의의 몰락과 함께 황금의 지배권을 자랑하던 지상의 왕들이 사라져 갈 것이다. 그들은 "아! 슬프다, 아! 슬프다"라고 울부짖게 될 것이다. 그리고 상고들은 자기들의 유익했던 세월이 다 지나가 버리니 울며 탄식하게 될 것이다.

3) "내 백성아, 거기서 나오라"(18:4)

한편 하나님께서는 말씀하고 있다.

> 내 백성아, 거기서 나와 그의 죄에 참여하지 말고 그가 받을 재앙들을 받지 말라(계 18:4).

나오라고 부르시는 것은 하나님의 백성을 위해 떠날 길을 열어 놓으셨다는 의미가 되는 것이다.

> 그리스도께서 하나님 곧 우리 아버지의 뜻을 따라 이 악한 세대에서 우리를 건지시려고 우리 죄를 대속하기 위하여 자기 몸을 주셨으니(갈 1:4).

이런 경우와 같은 것이다. 그 탈출의 문은 주님으로 말미암아 열려져 있는데 주님이 여신 것을 사람이 닫을 수 없는 것이다. "내 백성아, 거기서 나오라"라고 명하시는 것은 하나님 자녀들의 구원과 성별을 위함이다. 죄악으로 멸망할 직전에 롯과 그 가족을 소돔성에서부터 탈출시키셨다. 애굽에서 400년 동안이나 노예 생활하던 히브리 민족을 권능으로 탈출시키셨다.

BC 536년에는 바벨론에 포로가 되었던 이스라엘 민족을 70년 만에 고레스왕에 의해 해방되어 탈출했다. AD 70년에 로마 디도(Titus) 장군의 침략이 있었을 때 예루살렘성 안에 있던 성도들을 구원하기 위해 페트라로 탈출시키셨다.

제4장

세계의 멸망

하늘과 성도들과 사도들과 선지자들아 그로 말미암아 즐거워하라, 하나님이 너희를 위하여 그에게 심판을 행하셨음이라 하더라. 이에 한 힘센 천사가 큰 맷돌 같은 돌을 들어 바다에 던져 이르되 바벨론이 이같이 비참하게 던져져 결코 다시 보이지 아니하리로다 … 선지자들과 성도들과 및 땅 위에서 죽임을 당한 모든 자의 피가 그 성 중에서 발견되었느니라 하더라 (계 18:20-24).

1. 세계의 멸망

여기에서 바벨론의 멸망을 보고 하늘과 성도와 선지자들이 기뻐한다는 것은 지구의 종말을 말하는 것이 아니라 세계를 지배하던 바벨론이라는 세력의 멸망을 뜻하는 것이다. 그 바벨론 모습이다.

첫째, 정치학적 세계인 권력적인 바벨론이요
둘째, 교권주의의 세계인 창녀(신앙적 창녀) 바벨론이다

셋째, 경제적 세계인 상업적 바벨론이다.

지금까지 이 바벨론의 세력이 수많은 성도와 선지자들의 피를 흘렸기 때문에 그 멸망 하는 모습을 보고 기뻐하게 되는 것이다. 이 기쁨은 특별한 고난을 당한 그들에게만 주어진 특별한 은혜이다. 그들은 모두가 그 극한적인 고난 중에서 사도 바울이 말했던 "생각컨대 현재의 고난은 장차 우리에게 나타날 영광과 족히 비교할 수 없도다"(롬 8:18)는 말씀을 상기하며 견뎌 냈을 것이다.

사탄이 아무리 악한 방법으로 성도들을 괴롭히더라도 "네가 나의 인내의 말씀을 지켰은 즉 내가 또한 너를 지키어 시험의 때를 면하게 하리라"(계 3:10)는 약속대로 주님의 절대적 가호가 있을 것이다.

2. 할렐루야 합창

"할렐루야"(ἀλληλουια)라는 말은 히브리어로나 헬라어로도 "여호와를 찬양하라"는 뜻이다.

첫째, 찬양은 하늘에서 큰 무리가 큰 소리로 하나님의 어린양 예수 그리스도를 향하여 만왕의 왕으로서, 만주의 주로서 아마겟돈에서의 심판과 바벨론에 대한 심판을 행하심과 성도와 선지자들의 피를 흘린 그 세력들에 대한 심판을 행하심이 참되시고 의로우시다며 "할렐루야"라고 찬양하고 있다.

둘째, 찬양은 첫 번째 찬양에 대한 화답으로서, 이십사 장로들과 네 생물이 보좌에 앉으신 하나님께 경배하며 "할렐루야"라고 찬양한다.

셋째, 찬양은 하나님의 어린양, 예수 그리스도의 혼인 기약이 이르렀고 그의 신부가 마련되었음을 기뻐하며 "할렐루야"라고 찬양을 올리고 있다.

이러한 찬양 소리는 큰 물소리와도 같고, 큰 뇌성과도 같아서 천지를 진동시키는 우주적 찬양이라 할 수 있겠다.

3. 그리스도의 심판

개선장군처럼 백마를 타고 임하시는 분이 있는데 바로 그리스도 자신이시다. 그 이름은 "충신과 진실"(πιστος και αληθινος[피스토스 카이 아레디노스])이시며, 공의로 심판하시고 싸우신다(계 19:11). 그의 행위는 진실하고 참되시므로 공의로울 수밖에 없다. 그분의 옷은 피가 뿌려진 옷이다. 이 말씀은 이사야 선지자가 예언한 대로의 모습이다.

> 에돔에서 오는 이 누구며, 붉은 옷을 입고 보스라에서 오는 이 누구냐, 그는 나이니 공의를 말하는 이요 구원하는 능력을 가진 이니라. 어찌하여 네 의복이 붉으며 네 옷이 포도즙틀을 밟은 자 같으냐, 만민 가운데 나와 함께

한 자가 없이 내가 홀로 포도즙틀을 밟았는데 내가 노함으로 말미암아 짓 밟았음으로 그들의 선혈이 내 옷에 튀어 내 의복을 다 더럽혔음이니 이는 내 원수 갚는 날이 내 마음에 있고 내가 구속할 해가 왔으나(사 63:1-4).

그리고 그리스도의 뒤에는 "하늘에 있는 군대들이 희고 깨끗한 세마포 옷을 입고 백마를 타고 따르고 있다"(계 19:14). 여기에서 반 하우스(Barnhouse) 박사는 "이 무리는 천사의 무리가 아니라 모든 세 대의 신자들로서의 군대를 의미한다"고 해석하고 있다. 주님께서 먼저 피 묻은 옷을 입으셨기 때문에 우리는 거룩한 의의 옷을 입을 수 있는 것이다.

아담의 칠세 손 에녹이 사람들에게 대하여도 예언하여 이르되 보라 주께서 그 수만의 거룩한 자와 함께 임하셨나니 이는 뭇 사람을 심판하사 … 저희 를 정죄하려 하심이라(유 1: 14-15).

또한, 스가랴 선지자도 예언하였다.

나의 하나님 여호와께서 임하실 것이요 모든 거룩한 자가 주와 함께 하리 라(슥 14:5).

그리고 바울도 예언하였다.

우리 생명이신 그리스도께서 나타나실 그 때에 너희도 그와 함께 영광중에 나타나리라(골 3:4).

그의 옷과 다리에 이름 쓴 것이 있으니 만왕의 왕이요, 만주의 주라 하였더라(계19:16).

ΒΑΣΙΛΕΥΣ ΒΑΣΙΛΕΩΝ ΚΑΙ ΚΥΡΙΟΣ ΚΥΡΙΩΝ(바시류스 바시레온 카이 퀴리오스 퀴리온, 왕들 중의 왕이시오, 그리고 주님들 중에 주님이시라)은 주님의 이 영광스러운 명칭은 온 우주를 다스리시는 통치자로서 주님을 나타내고 있다.

그의 입에서 이한 검이 나오니 그것으로 만국을 치겠고 친히 저희를 철장으로 다스리며 또 친히 하나님 곧 전능하신 이의 맹렬한 진노의 포도주 틀을 밟겠고(계 19:15).

이 말씀대로 심판을 단행하실 것이다.

4. 아마겟돈 전쟁과 그리스도의 심판

사탄의 미혹을 받은 각 나라의 왕들과 동방에서 오는 왕들과 그 군대가 모여 이스라엘을 멸하기 위해 하늘에서 오시는 주님께 대항하여 싸움을 시작하려고 할 때이다.

한 천사가 태양 안에 서서 공중의 나는 모든 새를 향하여 큰 음성으로 외쳐 이르되 와서 하나님의 큰 잔치에 모여 왕들의 살과 장군들의 살과 장사들의 살과 말들과 그것을 탄 자들의 살과 자유인들이나 종들이나 작은 자나 큰 자나 모든 자의 살을 먹으라(계 19:17-18).

19장 18절 한 구절 안에 "살"(σαρξ, 살크스, 고기, 육체)이라는 단어가 다섯 번씩이나 반복되며 사용되고 있다. 새들이 모인 고기의 향연은 실제로 고기의 향연이다. 인류가 하나님께 대항하여 육체를 따라 살아가고 있는데 지금은 하나님의 인내의 날이 끝나가고 있다. 고기를 먹을 새들이 천사에 의해 아마겟돈 전쟁과 열국의 심판에 소환되고 있다.

여기에서 반 하우스 박사는 적그리스도와 그의 군대 그리고 지상의 왕들 군대가 주님께 대항하여 전쟁을 일으키기 전에 자기들끼리 서로 싸우게 될 것이라고 말하고 있다. 극한 북방에서 오는(겔 38:15-16) "붉은" 군대(나훔 2:3)와 대동력화(大動力化)되고, 대기계화(大機械化)되고, 최첨단의 반도체로 구성된 원자무기로 준비된 군대(나 3:2)가 공중에서 팔레스타인으로 내려오게 된다. 공군 부대가 폭풍같이 도래하여 구름같이 땅을 덮어버리게 될 것이다(겔 38:9-10).

이때 적그리스도가 주님의 천군들에 의해 봉쇄되기 전에 던가 아니면 적그리스도와 북방의 세력이 연합하여 주님을 대항하기 전에 게든가, 아니면 주님께서 북방의 군대를 봉쇄하기 위해 적그리스도를 이용하시던가 하실 것인가는 분명치는 않으나 적그리스도와 북방의 군대가 연합하게 될 것은 가능하다고 본다.

하나님께 대항하는 인간의 교만은 우리에게 하나님의 말씀을 환기해준다.

시편 제2편은 계시록에 있는 사건에 대한 주석이라고 할 수 있다. 적그리스도가 세상의 군왕들과 관원들과 동맹을 맺는 것은 다윗에게 나타났던 말씀이 축자적으로 성취되는 일이다.

> 어찌하여 열방이 분노하며 민족들이 허사를 경영하는고, 세상의 군왕들이 나서며 관원들이 서로 꾀하여 여호와와 그 기름 받은 자를 대적하며 우리가 그 맨 것을 끊고 그 결박을 벗어버리자 하도다(시 2:1-3).

그리고 성령께서는 계속하여 말씀하신다

> 하늘에 계신 자가 웃으심이여 주께서 저희를 비웃으시리로다(시 2:4).

이 예언에 따르면 아마겟돈 전쟁은 인간동맹의 절정에 대한 하나님의 비웃으심이다. 육체의 마음은 하나님과 원수가 된다. 그 육체의 적개심이 그리스도를 십자가에 못 박은 것이다. 그 육체의 적개심이 하나님의 가시적 권세에 대항하여 감히 도전하는 것이다.

인간의 미약한 무기로 하나님께 대항하여 무엇을 할 수 있단 말인가?

그렇지만 인간의 교만은 너무나 맹목적이어서 사탄의 세력에 충동될 때 인간은 감히 하나님께 도전하는 것이다.

미가엘 천사를 이기지 못한 마귀가(계 12:7-9) 지금은 미가엘이 아니라 그리스도께 도전하려고 육체의 무기 곧 핵폭탄과 최첨단 무기들을 의존하고 있다는 사실에 유의해야 할 것이다. 그렇지만 이것은 하나님께 대항하는 죄의 광기라고 해야 할 것이다.

성령께서 사도 바울을 통하여 말씀하셨다.

> 그때 불법한 자가 나타나리니 주 예수께서 그 입의 기운으로 저를 죽이시고 강림하여 나타나심으로 폐하시리라(살후 2:8).

요한계시록 19장 20절에 의하면 전쟁을 일으키는 사탄의 삼위일체 중에서 짐승과 이적을 행하던 거짓 선지자도 함께 하나님의 군대에 의해 잡히고. 이 둘이 산 채로 유황불 붙는 못에 던져진다. 이 의미는 적그리스도와 거짓 선지자들이 신체적으로 의식적 존재로 계속되는 영원한 고통의 상태에 있게 됨을 의미하는 것이다.

5. 열국에 대한 심판

요한계시록 19장 21절에서는 "그 나머지는 말 탄자의 입으로 나오는 검에 죽으매 모든 새가 그 고기(살)로 배불리우더라"고 심판을 말씀하고 있다.

적그리스도와 거짓 선지자가 행하는 이적에 미혹된 세상의 모든 왕과 장군들과 장사들이 그 군대와 더불어 적그리스도와 거짓 선지자와 동맹을 맺고 주님을 대항하여 전쟁을 일으키다가 적그리스도와 거짓 선지자가 붙잡힌 후에 즉시로 말 탄 자인 주님의 입으로 나오는 검에 의해 모두 살해를 당한다.

이사야 선지자는 "그날에 여호와께서 높은데서 높은 군대를 벌하시며, 땅에서 땅의 왕들을 벌하시리니"(사 24:21)라고 예언한 대로, 그리고 사도 바울이 "정사와 권세와 이 어두움의 세상 주관자들과 하늘에 있는 악의 영들에게 대함이라"(엡 6:12)는 말씀대로 그들에게 주님의 심판이 내려지는 것이다. 곧이어 공중에 있는 모든 새가 모여와서 왕들과 장군들과 장사들과 모든 군사의 시체의 살을 뜯어먹게 된다.

그리고 그보다 더욱 중요한 말씀은 예수 그리스도께서 감람산에서 하신 예언의 말씀이다.

> 인자가 자기 영광으로 모든 천사와 함께 올 때에 자기 영광의 보좌에 앉으리니 모든 민족을 그 앞에 모으고 각각 구분하기를 목자가 양과 염소를 구분하는 것 같이 하여 양은 그 오른편에 염소는 왼편에 두리라 (마 25:31 33).

이 말씀은 열국에 관한 심판의 장면을 매우 분명하게 나타내고 있다. 그것은 주님께서 신자들을 위해 오시는 장면이 아니며, 영광 중에 오시는 장면도 아니요, 또한 계시록 20장에 있는 백보좌 심판의 장면도 아니다. 이 장면은 하나님 보좌 앞에서의 장면이다. 이 현재의 장면은 하늘이 열리고 충신과 진실이라고 일컫는 분이 심판의 옷을 입고 하늘의 천사들과 함께 오시는 대환난기가 끝나는 것을 우리에게 보여주고 있다.

더욱이나 라오디게아 교회의 승리자들에게 예언하신 말씀대로 이루어지는 것임을 명심해야 할 것이다. 그들에게 말씀하셨다.

> 이기는 그에게는 내가 내 보좌에 함께 앉게 하여 주기를 내가 이기고 아버지 보좌에 함께 앉은 것과 같이 하리라(계 3:21).

예수를 구세주, 메시아, 그리스도로 믿고 하나님의 어린양의 보혈로 속죄함을 얻어 하나님 앞에 의롭다 함을 인정받은 성도들은 오른편에, 믿지 않고 복음을 거부한 사람들은 왼편에 서게 하시고, 완전히 구분하신다. 왼편에 있는 자들은 "풀무 불에 던져 넣어지고 거기서 울며 이를 갊이 있으리라"(마13:50).

6. 사탄의 결박

사탄의 삼위일체 중에서 적그리스도(짐승)와 거짓 선지자가 결박되어 산채로 유황불 붙는 못에 던져진 다음에, 그중에 제일 위격에 해당한 사탄이 하나님의 천사에 의해 결박되고 무저갱 속에 던져 잠그고 그 위에 인봉하여 천년 동안 감금된다(계 20:1-3). 하나님의 천사에 의해 결박되고 감금을 당한 하나님의 원수는 "용, 옛 뱀, 마귀, 그리고 사탄"이라는 네 가지 명칭을 가지고 있는 존재다.

이사야 선지자는 이 존재를 가리켜 선언하고 있다.

> 너 아침의 아들 계명성이여 어찌 그리 하늘에서 떨어졌으며 너 열국을 엎은 자여 어찌 그리 땅에 찍혔는고 네가 네 마음에 이르기를 내가 하늘에 올라 하나님의 뭇별 위에 나의 보좌를 높이리라 내가 북극 집회의 산 위에 좌정하리라. 가장 높은 구름에 올라 지극히 높은 자와 비기리라 하도다. 그러나 이제 네가 음부 곧 구덩이의 맨 밑에 빠치우리로다(사 14:12-15).

에스겔 선지자도 말씀하고 있다.

> 네 마음이 교만하여 말하기를 나는 신(神)이라 나는 하나님의 자리 곧 바다 중심에 앉았다 하도다. 네 마음이 하나님의 마음 같은 체할지라도 너는 사람이요 신이 아니거늘 네가 다니엘보다 지혜로 와서 은밀한 것을 깨닫지 못할 것이 없다 하도다 … 네 마음이 교만하였도다. 그러므로 나 주 여호와가 말하노라. 네 마음이 하나님의 마음 같은 체하였으니. 너를 치리니 … 너를 구덩이에 빠뜨려서 … 바다 중심에서 죽게 할찌라(겔 28:2-8).

하나님 앞에 교만한 사탄이 결국 하나님의 천사에 의해 결박당하고 무저갱에 감금된다. 무저갱이란 헬라어로는 αβυσσος(아뷔소스)라는 말인데, 영어로는 Abyss이며, "무저갱(無底坑)(bottomless), 죽음의 곳, 지옥"을 의미한다.

사탄이 일정한 기간인 천년 동안 결박, 감금되므로 사탄은 힘을 상실하는 대신에, 주님의 교회는 이전보다 더 많은 평화를 누리게 된다. 사탄의 세력에 의해 하나님의 독생자 예수 그리스도께서 십자가에 죽임을 당하시므로 순간 사탄이 승리한 것처럼 보였으나, 주님께서 사망 권세를 파하시고 부활하심으로 말미암아 완전히 역전승하셨다. 그래서 하나님의 아들 되심을 확증해 보이셨다(롬 1:4).

그리고 성령강림의 사건을 통하여 주님의 교회가 세워짐으로 인하여 사탄의 세력은 부분적으로나마 붕괴하기 시작했다. 본문에 보면 사탄의 세력이 결정적으로 붕괴하는 때가 있음을 말하고 있음을 알 수 있다. 이것을 보면 사탄의 세력은 아무리 막강해 보여도 아주 유한한 것임을 알 수 있다. 지금은 예수 그리스도께서 하나님 아들의 권위로 그 사탄을 결박하여 감금하는 것이다.

용의주도(用意周到)하게 아담과 하와를 타락시키고 인류에게 멸망을 초래케 했던 용 곧 옛 뱀, 마귀, 사탄은 결국 결박되고 무저갱에 감금당한다. 그 용의 능력으로도, 사탄의 간교함으로도 예수 그리스도의 손에서 벗어날 수가 없고, 쇠사슬로 결박되고, 천사가 열쇠로 무저갱의 문을 열어 사탄을 감금한다. 이제 능력을 상실한 사탄은 무저갱에 감금되고, 인봉되므로 하나님의 어린양 예수 그리스도 이외에는 그 누구도 그 인봉을 뗄 수 없고, 열 수도 없다.

사탄이 감금된 기간은 천년이라고 했다. 이 기간은 하나님이 정하신 기간이다. 그 기간에 주님의 교회가 부흥하고 평화를 누리는 기간이 될 것이다. 그렇다고 교회가 겪어야 할 환난이 끝난 것은 아직은 아니다. 그리고 "천년"에 대한 개념은 "사랑하는 자들아 주께는 하루가 천년 같고 천년이 하루 같은 이 한 가지를 잊지 말라"(벧후 3:8)는 말씀에 근거해 볼 때 그 시간은 우리들의 시간의 개념과는 근본적으로 다른 하나님 자신이 결정하신 절대적 권위의 한 기간임을 알 수 있다.

우리의 원수는 복음 전파의 사역 때문에 정복되는 것이 아니라 주님께서 영광 가운데 오심으로 인하여 정복되는 것이다. 원수는 세상에서의 최고의 높은 권세에서부터 한순간에 무저갱으로 떨어질 것이다. 그 일은 갑자기 이루어질 것이다.

더욱이 대원수와 그 추종자들이 무저갱 속으로 던져질 뿐만 아니라 거기에 갇히게 된다. 그리고 우리 주님의 천사에 의해 인봉되기 때문에 그 원수는 그 동일한 권세에 의해 풀릴 때까지는 나올 수 없다는 사실을 우리는 확신한다. 일천 년 동안에는 사탄과 그 추종자들이 행하는 표적이 인간 세상에 행해지지 않을 것이 확실하다.

천사들에게는 서열이 있는데 통치자(Principalities), 권세자(Powers), 대천사(the Archangel), 세라핌(Seraphim) 그리고 그룹(Cherubim) 등이다. 천사라 하면 군대에서 보통 군사들과 같은 존재로서 하나님의 사환들이다.

> 모든 천사는 부리는 영으로서 구원 얻을 후사들을 위하여 섬기라고 보내심이 아니뇨(히 1:14).

천사장 미가엘은 하나님의 능력을 받아 이스라엘 자손들에 관한 모든 일에 있어서 여호와 하나님을 대신하여 항상 사탄과 싸워왔다(단 12:1). 그리고 "천사장 미가엘이 모세의 시체에 대하여 마귀와 다투어 변론할 때에 감히 훼방하는 판결을 쓰지 못하고 다만 말하되 주께서 너를 꾸짖으시기를 원한다고 하였거늘"(유 1: 9)이라고 기록되어 있다.

그러나 지금은 한때 천사장 미가엘이 조심스럽게 대하던 사탄에게 한 천사가 하나님의 우주적 권세를 가지고 와서 사탄을 결박하고 무저갱에 감금하고 있다. 사탄의 권세와 하나님의 능력을 비교하는 위대한 설명이 여기에 있다. 주 예수 그리스도께서 십자가에 못 박히셨을 때 사탄은 주님의 몸을 무덤 속에 가두어 두기 위해 인봉할 수 있었다.

그렇지만 그 노력은 헛수고였다. 왜냐하면, 주님의 영은 지옥에 버려지지 않았고, 주님의 몸은 썩음을 받지 않았기 때문이다(행 2:31). 그리고 하나님께서 사탄을 멸망시키실 때 사탄과 그 추종자들은 무저갱에 던져져서 거기에 인봉되므로 천년이 차기까지는 더 이상 나라들을 속이지 못하게 된다.

이러한 말씀에 미루어 보아 나라들을 기만하는 일은 사탄에게서 유래한다는 사실이 분명해진다. 개인의 죄는 사람의 마음에서 생기지만(마 15:18-19) 국가적인 죄는 사탄의 기만(欺瞞)에서 비롯된다. 마귀의 세력은 "정사와 권세와 이 어둠의 세상 주관자들과 하늘에 있는 악의 영들"(엡 6:12)이라고 분명히 언급되어 있다. 그 기만이 오늘날 세계에서 자행되고 있다. 그 기만은 사탄이 결박되고 무저갱에 감금되고 인봉될 때라야 끝이 날 것이다

제5장

천년왕국

학자들에 따라 천년왕국에 대한 견해가 서로 다르기도 하다. 그 견해를 보면 세 가지가 있다.

첫째, 전천년설(Premillennialism)이다.

이것은 그리스도의 재림 이후에 천년왕국이 이루어질 것이라는 학설이다. 초대 교회 속사도 중 리옹의 이레니우스(Irenaeus of Lyon, AD135-202)의 견해로서 오늘날까지 본질에서 변하지 않고 유지되고 있다

둘째, 후천년설(Postmillennialism)이다.

이것은 그리스도의 재림 이전에 천년왕국이 이루어질 것이라는 학설이다. 16, 17세기 동안에 네덜란드(Netherlands) 개혁파 신학자들인 코케이우스(Coccejus)와 알팅(Alting)에 의해 주장된 학설이다.

셋째, 무천년설(Amillennialism)이다.

이것은 천년왕국이 이루어지지 않을 것이라는 학설인데, 제2-3세기 어간에 활동하던 교부 중에서 이와 같은 무천년설을 주장하였던 것으로, 전천년설을 따르던 사람들만큼이나 많은 사람이 따랐던 학설이다.

그러나 우리는 성경에 충실해야 할 것이다. 요한계시록 20장에는 사탄을 결박하고 무저갱에 감금한 이후라고 분명히 말씀하고 있다.

> 예수를 증언함과 하나님의 말씀 때문에 목 베임을 당한 자들의 영혼들과 또 짐승과 그의 우상에게 경배하지 아니하고 그들의 이마와 손에 그의 표를 받지 아니한 자들이 살아서 그리스도와 더불어 천년 동안 왕 노릇 하리니(계 20:4).

이 말씀 중에 "살아서"($\varepsilon \varsigma \eta \sigma \alpha \nu$ 에제산, $\varsigma \alpha \omega$ 자오-,살리다, 생명력을 부여하다의 제1부정 과거형)란 말씀은 죽음에서 생명력을 얻어 다시 살아남을 의미하는 말이다. 그래서 요한계시록 20장 5절에서는 "이는 첫째 부활이라"($\text{A} \upsilon \tau \eta$ $\dot{\eta}$ $\alpha \nu \alpha \sigma \tau \alpha \sigma \iota \varsigma$ η $\pi \rho \omega \tau \eta$)고 말씀하고 있다. 그리고 "이 첫째 부활에 참여하는 자들은 복이 있고 거룩하도다"라고 말씀하고 있다.

요한계시록 20장의 말씀은 성경 중에서 난해 중의 난해의 말씀이기도 하다. 그렇지만 성경 말씀에 다른 것을 더 해서도 안 되고, 또한 하나라도 덜해서도 결코 안 될 것이다.

예수 그리스도와 성도들이 세상을 다스리는 이 천년의 왕국 기간은 사탄이 무저갱에 감금된 기간이지만, 주님의 교회가 평화를 누리고 부흥하는 시기가 되는 것이다. 그리고 이 의미는 세속적 권세를 말하는 것이 아니라, 영계에서의 권위를 의미하는 것이다. 또한, 첫째 부활에 참여하는 것은 순교자와 환난 중에도 믿음을 지킨 성도들에게 한하여 주어지는 특별한 은혜이다.

그리고 그 부활은 영적인 부활로써 마태복음 17장 1-8절에 예수 그리스도께서 변화하였을 때 나타났던 모세와 엘리야와 같은 형태가 아니냐고 생각된다.

예수 그리스도 때문에 순교하고, 환란 중에도 끝까지 믿음을 지킨 성도들에게는 특별한 보상으로 그리스도의 왕좌에 함께 앉을 수 있는 특권을 주시고, 심판의 권세를 부여해 주신다. 예수 그리스도는 하늘의 능력과 지옥의 열쇠를 가지고 계신다. 그리고 용의 능력으로나 뱀의 교활함으로도 그리스도의 손에서 사탄을 구해낼 수 없다.

사탄은 무저갱에 던져졌고 결박된 채 당연한 보응을 받는 것이다. 그리스도께서 직접 무저갱을 잠그시고, 그리스도의 절대적 권위로 인봉하신다. 이것은 그 누구도 열 수 없다. 그리고 그 기간에 주님의 교회는 평화와 행복의 시간을 갖고 부흥하게 되지만, 아직 모든 환난이 끝난 것은 아니다.

지상에서 그리스도가 다스리시는 천년왕국에 관한 내용은 초대 교회의 신자들에게 지대한 관심사였는데 문자적으로 취하기도 하고 혹은 비유적으로 취하기도 했었는데 오늘에까지 이어지고 있다. 이와 같은 교리는 주님의 날에 관한 예언적 견해의 한 가지 파생물이었다. 유대인의 원수들이 멸망되고 인간 역사의 이 현실 세대에서 하나님의 백성인 이스라엘의 의로운 왕국이 재건되고 하나님의 나라가 이루어지기를 기다리는 믿음인 것이다.

여러 세대 동안에 끊임없이 메시아 사상이 중요시되어 오면서 이 복된 시대가 더욱더 언급됐다. 그러는 동안 메시아 시대는 분명히 제한됐거나 아니면 불분명하거나 아니면 영원히 끝이 날 수도 있었다. 어떤 신자들에 따르면 기적적으로 예루살렘이 재건되고, 성전이 재건되고, 지구가 새로워질 것이라고 믿었다.

그렇게 가르치는 사람들은 그곳에는 죽음이 없고, 죽음에서 부활하는 소망이 있고, 의인들은 이 축복 된 시간에 기쁨을 나누게 되고, 죄인들은 게헨나(Gehenna)에 던져지게 된다고 믿었다. 그래서 결과적으로 메시아 소망이 구체화되었다.

주님의 날, 하나님의 나라 혹은 메시아 시대 등 여러 변화가 있음에도 불구하고 현시대에, 전 세계적으로 이루어질 것이라고 너무 지나치게 강조될 수는 없는 것이다. 그들은 이 세계와 시대가 악이 있음에도 불구하고 하나님의 통치가 실제로 실현될 수 있고 또 실현되리라 생각해 왔던 것은 그들이 근본적으로 낙관론적 견해에 근거했기 때문이다.

그렇지만 메시아 사상은 전체적으로 두 개의 다른 시대에 대한 신앙인 것이다. 즉, 이 현실 세대는 일시적이며, 돌이킬 수 없는 악의 세대이다. 왜냐하면, 악의 지배 아래 있기 때문이다. 그에 반하여 새 시대는 영원하고 의로운 시대이다. 왜냐하면, 하나님의 직접적인 지배 아래 있게 되기 때문이다.

다니엘과 이사야(24-27장)와 같은 초기 유대의 계시자들은 메시아 혹은 메시아 왕국에 관하여 언급하지 않았다. 그러나 그것은 자연적이었다. 계시적 사상에 있어서 메시아 사상이 더욱 중요하게 된 것처럼 일시적 세상 왕국이 메시아에게 돌려지게 되어야 했다.

그러므로 조로아스타교(Zoroastrian)의 종말론에 따르면 세계사의 십이 천년(참고:일만이천 년) 중 마지막 천년이 제삼의 천년이 될 것이며 구세주 혹은 메시아의 일종인 가장 중요한 사오샨트(Saoshyant)가 될 것이다(참고: Saoshyant는 Avestan 언어의 형태로서 조로아스타교의 종말론적 구세주를 칭한다).

유대주의 사상에서는 메시아 사상과 계시 사상이 혼합된 것이 에스드라 2서(II Esdras) 7장 26-30절에 나타나 있다(II Esdra는 Ezra의 계시록이다). 이처럼 바룩 2서(II Baruch) 37-40장에 따르면 적그리스가 멸망된 후 메시아께서 자신의 왕국을 건설할 것이라고 한다. 바울의 서신 고린도전서 15장 23-28절에서도 비슷한 언급이 있다. 그리스도의 재림 시에 크리스천들은 부활하게 될 것이며, 그리스도는 지상에 그의 왕국을 건설하게 될 것이다. 그리고 모든 초자연적 지배권과 권력을 멸망시킨 후에 그리스도는 자신의 나라를 하나님께 돌려드리게 될 것이다.

엘리야의 신 히브리적 계시록에 의하면, 적그리스도가 멸망한 후 그리고 곡과 마곡이 멸망하기 전에 40년간 메시아 왕국이 있을 것이며, 2일 후에 이 세대는 끝이 나고 하나님의 시대가 시작될 것이라고 말하고 있다.

그리고 순교자들의 부활에 관해서는, 변화산에서 모세와 엘리야가 하늘에서 땅으로 내려왔던 것처럼 하늘로 올라왔었던 순교자들의 영혼이 다시 지상으로 내려오게 되고, 천년 동안 그리스도의 통치에 참여하게 될 것이다.

그리고 이방인으로 기독교인이 된 사람들은 이때 부활하는 것이 아니라, 일반적 부활을 기다려야 할 것이다.

순교자들의 생명으로의 부활을 첫째 부활이라고 일컬어지고 있다. 순교자들이 피와 육체가 있는 몸으로 살아나는 육체적 부활을 말하는 것인가, 아니면 아직도 천상에서 주어졌던 천적 육체를 지녔는지의 여부는 언급되어 있지 않다.

요한계시록 20장 4-6절에 대한 매튜 헨리(Matthew Henry)의 견해는 다음과 같다.

> 또 내가 보좌들을 보니 거기 앉은 자들이 있어 심판하는 권세를 받았더라. 또 내가 보니 예수의 증거와 하나님의 말씀으로 인하여 목 베임을 받은 자의 영혼들과 또 짐승과 그의 우상에게 경배하지도 아니하고 이마와 손에 그의 표를 받지도 아니한 자들이 살아서 그리스도로 더불어 천년 동안 왕 노릇 하니(그 나머지 죽은 자들은 그 천년이 차기까지 살지 못하더라) 이는 첫째 부활이라. 이 첫째 부활에 참여하는 자들은 복이 있고 거룩하도다. 둘째 사망이 그들을 다스리는 권세가 없고 도리어 그들이 하나님과 그리스도의 제사장이 되어 천년 동안 그리스도로 더불어 왕 노릇 하리라(계 20:4-6).

심판의 권위를 준다는 것은 세속적인 특성을 말하기보다는 오히려 영적인 특성을 말하는 것으로 생각한다. 그리고 그리스도와 함께 고난받은 자들이 그리스도와 함께 왕 노릇 하게 될 것이다. 성도들이 일찍이 세상에서 알고 있었던 것보다 훨신 더욱 지혜와 의로움과 거룩하심으로 영광스러운 일치를 이루어 그리스도의 영적인 천국에서 주님과 함께 다스리게 될 것이다.

그리고 첫째 부활에 관하여는, 그리스도를 섬기고, 그리스도 때문에 고난을 당하여 순교한 자들과 환난 중에 끝까지 믿음을 지킨 자들이 복 받은 자들로서 첫째 부활에 참여하게 된다. 악한 자들은 사탄이 놓일 때까지는 그들 자신의 능력으로 또다시 일어나거나 회복되는 일은 없을 것이다.

6절에는 하나님의 종들이 받는 축복이 선포되고 있다. 그들은 복되고 거룩하다. 아무나 복을 받는 것이 아니라 거룩한 자들만 복을 받는 것이다. 이 영적 부활에 있어서 하나님께 드려진 첫 열매가 거룩했던 것처럼 하나님에 의해 복을 받는 것이다.

그들은 둘째 사망의 권세에서부터 보호를 받는다. 우리는 첫째 사망이 두려운 것을 알고 있다. 그러나 둘째 사망에 대해서는 알지 못하고 있다. 그것은 더욱 두려운 것이다. 왜냐하면, 둘째 사망은 영혼의 죽음이요, 하나님에게서부터 영원히 분리되는 것이기 때문에 더욱 두려운 것이다. 주님께서는 우리가 경험하여 알 수 있도록 허락하지 않으셨다. 영적 부활을 경험한 자들만이 둘째 사망의 권세에서부터 구원받는 것이다.

이상과 같이 헨리는 다음과 같이 풀이하고 있다.

예수 그리스도와 함께 왕 노릇 할 성도들은 영광의 절정에 이르게 된다. 그러므로 의인 아벨에서부터 환난기의 마지막 성도에 이르기까지 모든 성도가 하나님 아들의 승리에 참여하게 될 것이다. 하나님 아들의 승리는 갈보리에서의 승리이며, 그가 구속한 모든 신자와 함께할 승리이다.

성도들을 "복되다" 그리고 "거룩하다"라고 부른다. 이렇게 부르는 이유는 하나님의 은혜로 말미암은 것이다. 우리는 아무 값없이 구원함을 얻었고 하나님의 사랑과 긍휼하심의 대상이 되었기 때문에 우리는 복된 것이다.

그리고 우리가 "거룩하다"라고 부르는 것은 "거룩한 사람" 곧 "성도"라는 뜻이다. 우리의 거룩함은 그리스도 안에 있는 거룩함이다. 우리는 그리스도의 사랑과 거룩하심의 속성에서 뿐만 아니라 그리스도의 권능에 있어서까지 그리스도와 같이 될 것이다.

이기는 그에게는 내가 내 보좌에 함께 앉게 하여 주기를 내가 이기고 아버지 보좌에 함께 앉은 것과 같이하리라(계 3:21).

이 말씀이 응하여지는 것이다.

사도 바울도 로마서 8장 17절에 "또한 후사 곧 하나님의 후사요 그리스도와 함께한 후사니 우리가 그와 함께 영광을 받기 위하여 고난도 함께 받아야 할 것이니라"라고 후사로서의 특권과 영광을 말씀하고 있다.

제6장

하나님의 어린양 예수 그리스도의 재림

천년왕국의 시기가 끝나자 바로 "그 후에는 반드시 잠간 놓이리라"(계 20:3)는 말씀대로 사탄이 무저갱에서부터 나오게 된다(계 20:7; 17:8). 천년 동안이나 무저갱 속에 감금되고 있었으나 그에게는 아무런 변화가 없었다. 오히려 사탄은 새로운 악을 도모하며 새로운 속임수를 가지고 아주 재빠르게 세상을 미혹하고 자기 세력을 확보하고 크게 확장한다.

> 천년이 차매 사탄이 그 옥에서 놓여 나와서 땅의 사방 백성 곡과 마곡을 미혹하고 몰아 싸움을 붙이리니 그 수가 바다 모래 같으리라, 저희가 지면에 널리 퍼져 성도들의 진과 사랑하시는 성(예루살렘)을 두르매 하늘에서 불이 내려와 저희를 소멸하고 또 저희를 미혹하는 마귀가 불과 유황 못에 던지우니 거기는 그 짐승과 거짓 선지자도 있어 세세토록 밤낮 괴로움을 받으리라(계 20:7-10).

천년왕국이 지나고, 천년 동안 무저갱에 감금되었던 사탄이 풀려 나왔을 때 지구 전체에는 성도들의 진영(παρεμβολη 파렘보레, 이 단어는 이스라엘이 출애굽하여 광야 생활할 때 이루었던 진영과 같은 말이다) 과 사랑하시는 성(예루살렘을 의미함)에는 하나님의 백성들이 평화롭게 생활하고 있음을 알 수 있다.

그리고 지구상에는 그리스도를 반대하는 수많은 사람이 존재하고 있음을 알 수 있다. 그렇다면 계시록 20장 1-6절을 예수 그리스도의 재림과 심판의 사건으로 보는 것은 무리한 해석이라고 여겨진다.

어느 시대에나 사탄은 권력과 탐욕과 이기주의와 야욕과 죄악된 쾌락이라는 원칙으로 조직화되어 있어서 여호와 하나님을 반항하는 세력을 구축한다.

그래서 사탄은 최후적으로 "곡과 마곡"(Γωγ και Μαγωγ)을 미혹하여 자기 세력을 구축할 것이다.

그러면 "곡과 마곡"은 어떤 존재인가?

창세기 10장 2절에 노아의 손자요, 야벳의 아들인 "마곡"이 있고, 역대하 55장 4절에 루우벤의 자손 중에 "곡"이라는 이름을 가진 사람이 있었다. 그러나 이들은 요한계시록에 언급된 "곡과 마곡"과는 상관이 없는 것이다. 에스겔 38장과 39장에는 "마곡"이라는 명칭이 두 번 사용되었고, "곡"이라는 명칭은 여덟 번 사용되었다.

인자야 너는 마곡 땅에 있는 곡 곧 로스와 메섹과 두발 왕에게로(겔 38:2).

로스와 메섹과 두발 왕 곡아(겔 38:3).

네가 네 고토 극한 북방에서(겔 38:15; 39:2).

이 말씀에 근거해 보면 "마곡"은 북방의 어느 지역을 뜻하는 것이고, "곡"은 그 지역의 왕을 뜻하는 것임을 알 수 있다.

요세푸스(Flavius Josephus, AD 37-100, 유대인 제사장, 학자, 역사가)의 기록에 의하면 "마곡"은 스키타이(Scythians)와 일치한다고 말하고 있다. 스키타이는 흑해 북부의 옛 나라이다.

사탄이 한순간도 지체함이 없이 로스와 메섹과 두발의 왕인 "곡"을 미혹하여 그의 군대와 바사와 구스와 붓과 고멜과 그 모든 떼와 극한 북방의 도갈마 족속과 그 모든 떼, 땅 사방의 백성(τα εθνη τα εν ταις τεσσαρσινγωνιαις της γης 이것은 전 세계의 반 그리스도의 세력 전체를 의미한다)들이 "곡"의 지배하에 있게 하고, 곡이 대장이 되어, 방대하고 막강한 군사력으로 전쟁을 준비한다.

"바다의 모래같이"(계 20:8) 그 수많은 군대를 이끌고 "광풍같이"(겔 38:9) 평화롭게 사는 이스라엘 산에 이르러 이스라엘 땅을 치려고 한다. 사도 요한은 "저희가 지면에 널리 퍼져 성도들의 진과 사랑하시는 성을 두르매"(계 20:9)라고 기록하고 있다. 즉, 그 대군대가 주님의 도우심을 받는 성도의 진영을 포위하고, 주님께서 통치하시고 이스라엘 자녀들이 평안히 사는 예루살렘을 포위하게 된다.

"곡과 마곡"의 포학성과 그 잔인함은 극에 달할 것이다. 제2차 세계대전 때에 독일과 일본은 세계에서 과학적으로 대표적 국가 중에 있었다. 그들에게는 과학적 야만성이 있었다. 그것은 모든 야만성 중에서 가장 두려운 것이다. 그들의 뿌리는 영적으로 비밀스러운데 있으며, 세계의 평화를 파괴하는 음란성과 잔인성이 거기에

숨어있었다.

그러면 "곡"이 이스라엘을 치게 되는 때는 언제인가?

에스겔 선지자는 "끝 날에"(겔 38:16), 또한 "말년에"(겔 38:8)라고 말하고 있다. 그리고 사도 요한이 받은 계시록 20장 7-10절의 내용에 의하면 하나님께서 사탄을 영원히 불과 유황 못에 던지시는 최후 결정적일 때를 의미하고 있음을 알게 된다.

그 "끝 날" 또한 "말년" 그리고 "최후 결정적일 때"는 하나님의 인내(참으심)의 시기가 끝나는 때이며, 사탄과 인간이 마지막 죄악을 완전히 드러내는 순간이다. 이 "때"가 바로 "하늘에서 불이 내려와 저희를 소멸하고 또 저희를 미혹하는 마귀가 불과 유황 못에 던지니 거기는 그 짐승과 거짓 선지자도 있어 세세토록 밤낮 괴로움을 받으리라"(계 20:9-10)는 하나님의 예언이 완전히 성취되는 순간이다

내가 또 온역과 피로 그를 국문하며 쏟아지는 폭우와 큰 우박 덩이와 불과 유황으로 그와 그 모든 때와 그 함께한 많은 백성에게 비를 내리듯 하리라 (겔 38:22).

이 말씀이 이루어지는 것이다.

예수님 자신이 친히 직접 세계 종말과 자신의 재림과 심판의 확실성을 언급하시면서 이렇게 말씀하셨다

노아의 때와 같이 인자의 임함도 그러하리라. 홍수 전에 노아가 방주에 들어가던 날까지 사람들이 먹고 마시고 장가들고 시집가고 있으면서 홍수가

나서 저희를 다 멸하기까지 깨닫지 못하였으니 인자의 임함도 이와 같으리라(마 24:37-39).

홍수 심판이 시작될 때까지도 노아와 그 가족 이외에 인류 전체는 아무도 죄악에 대한 심판이 있을 것을 깨닫지 못하고 있었다.

저희를 마음의 정욕대로 더러움에 내어 버려두셨고, 부끄러운 욕심에 내어 버려두셨고, 저희를 그 상실한 마음대로 내어 버려두셨다(롬 1:24-28).

예수님의 재림과 심판은 인류가 알지 못하고, 깨닫지 못할지라도 하나님이 정하신 때에, 그 결정적일 때에 반드시 이루어질 것이다. 사도 베드로도 말했다.

이제 하늘과 땅은 그 동일한 말씀으로 불사르기 위하여 보호하신 바 되어 경건하지 아니한 사람들의 심판과 멸망의 날까지 보존하여 두신 것이니라 (벧후 3:7).

그러나 주의 날이 도둑같이 오리니 그날에는 하늘이 큰 소리로 떠나가고 물질이 뜨거운 불에 풀어지고 땅과 그중에 있는 모든 일이 드러나리로다 (벧후 3:10).

하나님의 날이 임하기를 바라보고 간절히 사모하라 그날에 하늘이 불에 타서 풀어지고 물질이 뜨거운 불에 녹아지리라(벧후 3:12).

이렇게 예언한 대로 이루어지는 것이다. 그것이 이 우주에 있어서 하나님께 대한 반항의 종말이 되는 것이다. 하나님은 모든 죄악을 영원히 멸하시고, 우주 안에 하나님께 대한 어떤 반항도 있을 수 없게 된다.

> 우리는 그의 약속대로 의의 거하는바 새 하늘과 새 땅을 바라보도다(벧후 3:13).

그리고 하나님의 어린양, 예수 그리스도께서 헤아릴 수 없이 많은 천군 천사들과 아담 이후 종말에 이르기까지 죽은 성도들의 영혼들을 데리고 함께 강림하시게 된다(살전 4:14).

> 주께서 호령과 천사장의 소리와 하나님의 나팔로 친히 하늘로 좇아 강림하신다(살전 4:16).

그 위엄과 영광은 우주에 가득 차게 될 것이다.

이제 위대한 순간이 도래했다. 시간은 끝나고 영원 곧 새로운 영원이 시작되는 것이다. "흰 보좌"에 앉으신 하나님의 어린양 예수 그리스도께서 구원받은 성도들의 이름이 기록된 생명책과 다른 책들 곧 행위를 기록한 책들을 보시고 기록된 대로 아담 이후 종말까지의 모든 인간을 심판하시고, 생명책에 이름이 기록된 성도들만 생명의 부활로 이끄실 것이다.

요한계시록 20장 13절에서 말씀하고 있다.

바다가 그 가운데서 죽은 자들을 내주고 또 사망과 음부도 그 가운데서 죽은 자들을 내 주매 각 사람이 자기의 행위대로 심판을 받고(계 20:13).

즉, 예수 그리스도께서 재림하실 때 육지와 바다에서 어떤 형태로 죽었든지 간에 이 지구 안에 그 원소가 있는 것이다. 그들을 모두 부활시키시는 것이다. 그래서 일부는 그리스도와 함께 하늘에서 강림하는 성도들의 영혼과 결합하여 생명의 영체로 부활하게 되고, 나머지는 사망과 음부에서 나온 영혼과 결합하여 심판받을 영체로 부활하게 될 것이다. 그리고 그때 지상에 살아남아 있는 구원받은 성도들은 부활하신 예수 그리스도와 같은 영광스러운 영체로 홀연히 변화하게 되고, 먼저 부활한 성도들과 합류하게 되는 것이다.

"부활"이란 "영체"(靈體)로의 부활이다. "부활"에는 두 가지가 있다. 하나는 "불 신자들의 심판 부활"이 있고, 다른 하나는 "성도들의 생명 부활"이다. 심판의 부활을 받는 불신자들의 영체는 영원한 "불 못"(계 20:15)에 던져지고, 거기서 영원히 고통을 받게 될 것이다.

그리고 부활하신 예수 그리스도와 같은 생명의 영체로 부활하거나, 변화된 생명의 부활을 받은 성도들의 영체는 하늘로 휴거하게 되고, 공중에서 재림의 주님을 영접하게 된다. 그리고 새 하늘과 새 땅에 들어가서 그리스도와 함께 영원히 영광 가운데 살게 될 것이다.

종교개혁 시대와 그 이후의 많은 성경 주석가들이 현재 우리가 사는 지구가 불로 "정결케" 될 뿐이라고 생각해 왔다. 그러나 성경은 그러한 이론을 용납하고 있지 않다.

보라 내가 새 하늘과 새 땅을 창조하나니 이전 것은 기억되거나 마음에 생각나지 아니할 것이라(사 65:17).

이사야는 예언을 했고, 예수님도 간결하게 "천지는 없어진다"(마 24:35)라고 선언하셨다. 베드로도 말한다.

그러나 주의 날이 도둑같이 오리니 그날에는 하늘이 큰 소리로 떠나가고 물질이 뜨거운 불에 풀어지고 땅과 그중에 있는 모든 일이 드러나리로다. 이 모든 것이 이렇게 풀어지리니 너희가 어떠한 사람이 되어야 마땅하냐 거룩한 행실과 경건함으로 하나님의 날이 임하기를 바라보고 간절히 사모하라. 그날에 하늘이 불에 타서 풀어지고 물질이 뜨거운 불에 녹아지려니와(벧후 3:10-12).

히브리서 저자도 말했다.

주여 태초에 주께서 땅의 기초를 두셨으며 하늘도 주의 손으로 지으신 바라, 그것들은 멸망할 것이나 오직 주는 영존할 것이요 그것들은 다 옷과 같이 낡아지리니 의복처럼 갈아입을 것이요 그것들은 옷과 같이 변할 것이나 주는 여전하여 연대가 다 함이 없으리라(히 1:10-12).

또한, 히브리서 저자는 말씀하고 있다.

그때에는 그 소리가 땅을 진동하였거니와 이제는 약속하여 이르시되 내가 또 한 번 땅만 아니라 하늘도 진동하리라 하셨느니라, 이 또 한 번이라 하심은 진동하지 아니하는 것을 영존하게 하기 위하여 진동할 것들 곧 만드신 것들이 변동될 것을 나타내심이라(히 12:26-27).

구약성경에도 이와 같은 말씀이 있다.

하늘의 만상이 사라지고 하늘들이 두루마리 같이 말리되 그 만상의 쇠잔함이 포도나무 잎이 마름 같고 무화과나무 잎이 마름 같으리라(사 34:4).

이 모든 성경 말씀은 우리가 알고 있는 물질의 하늘과 땅의 종말이 있을 것을 우리에게 가르쳐 주고 있다. 그것은 하늘과 땅이 청결해지고 회복된다는 뜻이 아니라, 태초에 하나님께서 말씀으로 무(無)에서부터 만물을 창조하셨듯이 하나님의 동일한 말씀으로 만물을 무(無)로 돌아가게 하신다는 뜻이다.

과학자들은 물질은 창조되거나 소멸할 수 없다고 말하지만 그러한 태도는 창조의 하나님을 믿지 않음에서 나오는 생각인 것이다. 우리가 진실한 마음으로 하나님의 창조를 믿을진대 하나님께서 우주를 소멸하실 수도 있다는 사실도 믿기에 어렵지 않을 것이다. 물질은 소멸하고 멸망하고 말 것이다.

보이는 것은 잠간이다(고후 4:18).

하나님의 형상으로 창조하신 인간들이 창조주 하나님을 배신함으로 결국 하나님의 심판에 의해 비극적 비참한 종말을 맞게 될 때 그렇게도 "하나님은 사랑이시다"라고 선언하시고, 사랑 그 자체이신

하나님의 마음은 어떠하실까?
시원해하실까?
아니면 슬퍼하실까?

우리 주님께서 재림하실 때 물론 "주께서 호령과 천사장의 소리와 하나님의 나팔로 친히 하늘로 좇아 강림하시리니"(살전 4:16)라는 말씀대로 호령을 지르시겠지만, 긍휼히 크신 주님께서 지상에 계셨을 때, 장차 멸망할 예루살렘성을 바라보시면서 슬퍼하시고 눈물 흘리시던 예수님이 아니신가!

예루살렘아, 예루살렘아 선지자들을 죽이고 네게 파송된 자들을 돌로 치는 자여 암탉이 그 새끼를 날개 아래 모음같이 내가 네 자녀를 모으려 한 일이 몇 번이냐 그러나 너희가 원치 아니하였도다. 보라 너희 집이 황폐하여 버린바 되리라 내가 너희에게 이르노니 이제부터 너희는 찬송하리로다 주의 이름으로 오신은 이여 할 때까지 나를 보지 못하리라 하시니라 (마 23:37-39).

이렇게 슬픔에 가득 찬 소리로 외치시던 예수님이 종말에 인류가 멸망하는 모습을 보실 때 주님께서 소리치실 내용은 무엇일까?

위와 같이 예수 그리스도의 계시 말씀을 조심스럽게 풀어 보았으나 너무나 두려울 뿐이다. 사도 바울이 고백했듯이 정직하게 고백할 수밖에 없다.

> 깊도다 하나님의 지혜와 지식의 부요함이여, 그의 판단은 측량치 못할 것이며 그의 길은 찾지 못할 것이로다. 누가 주의 마음을 알겠느뇨, 누가 그의 모사가 되겠느뇨, 누가 주께 먼저 드려서 갚으심을 받겠느뇨, 이는 만물이 주에게서 나오고, 주로 말미암고 주에게로 돌아감이라(롬 11:33-36).

성경에 계시 된 하나님은 가장 거룩하시며, 공의로우시고, 질투하시는 하나님이시다. 반면에 무한히 자애로우시고, 용서하시고, 회복시켜주시고, 축복하시는 사랑의 하나님이시다. 인류의 역사를 보면, 죄악이 극도에 달한 개인이나 민족이나, 도성이나 국가를 단호하게 심판하셨다.

창세기 19장 24절 이하의 내용을 보면 소돔과 고모라성을 하늘에서 유황과 불을 내려 완전히 소멸시켜 버리셨다. 탐욕을 품었던 아간과 반역을 꾀했던 고라의 일당을 땅의 입을 벌려 삼켜버리게 하셨다. 하나님을 무시하고 인간을 신격시 하여 절대권력을 행사하던 독재자들은 하나님의 심판을 당하고야 말았다.

그렇지만 죄악을 회개한 개인이나, 왕이나, 국가는 멸망의 위기에서 구원함을 얻었다. 그 한 예를 보면, 요나의 전도를 듣고 회개한 앗수르의 수도 니느웨성에 있던 왕과 백성들이 구원함을 얻을 수 있었다. 이것이 천지를 창조하신 전능자 하나님의 만고 불역의 섭리요, 뜻이요, 진리다.

이제 인류 전체에 대한 하나님의 최후심판이 가까이 도래하고 있는 이 시점에서 하나님의 최후심판을 얼마 만이라도 유예시킬 수 있는 길은 없을까?

이것이야말로 현대인들에게 주어진 모든 문제 중에 가장 크고 시급한 문제일 것이다.

지금 우리는 옛날 요나 선지자가 전파하는 하나님의 말씀을 듣고 베옷을 입고 재를 뒤집어쓰고, 금식하며 지은 죄악들을 회개했던 아닷 니라리(BC 808-783)왕과 그 백성들처럼 우리의 탐욕을 버리고 여호와 하나님께로 돌아와서 겸손히 무릎을 꿇고 우리 자신의 죄악을 참회하고 성령으로 거듭나야 할 것이다.

그리고 하나님의 뜻대로 행동해야 할 것이다. 그래서 우리의 윤리성을 회복시켜야 할 것이다. 개인적으로나, 사회적으로나, 국제간에 윤리성이 살아 일어날 때 하나님의 긍휼의 얼굴 빛을 비춰주실 것이다. 이것만이 하나님의 심판을 유예시킬 수 있는 유일한 길일 것이다.

제7장

새 하늘과 새 땅

Και ειδον ουρανον καινον και γην καινην. ο γαρ πρωτος ουρανοςκαι πρωτη γη απηλθαν, και θαλασσα ουκ εστιν ετι. και την πλιν την ἁγιαν Ιερουσαλημ καινηνειδον καταβαινουσαν εκ του ουρανου απο τουθεου, ἡτοιμασμενην ὡς νυμφην κεκοσμημενην τω ανδρι αυτης (계 21:1-2).

또 내가 새 하늘과 새 땅을 보니 처음 하늘과 처음 땅이 없어졌고 바다도 다시 있지 않더라. 또 내가 보매 거룩한 성 새 예루살렘이 하나님께로부터 하늘에서 내려오니 그 준비한 것이 신부가 남편을 위하여 단장한 것 같더라(계 21:1-2).

내가 들으니 보좌에서 큰 음성이 나서 이르되 보라 하나님의 장막이 사람들과 함께 있으매 하나님이 그들과 함께 계시리니 그들은 하나님의 백성이 되고 하나님은 친히 그들과 함께 계셔서 모든 눈물을 그 눈에서 닦아 주시니 다시는 사망이 없고 애통하는 것이나 곡하는 것이나 아픈 것이 다시 있지 아니하리니 처음 것들이 다 지나갔음이러라(계 21:3-4).

보좌에 앉으신 이가 이르시되 보라 내가 만물을 새롭게 하노라 하시고 또 이르시되 이 말은 신실하고 참되니 기록하라 하시고, 또 내게 말씀하시되 이루었도다 나는 알파와 오메가요 처음과 마지막이라 내가 생명수 샘물을 목마른 자에게 값없이 주리니(계 21:5-6).

1. 새 하늘과 새 땅

예수 그리스도께서 지상에 계실 때에 제자들에게 하신 말씀이다.

너희는 마음에 근심하지 말라 하나님을 믿으니 또 나를 믿으라 내 아버지 집에 거할 곳이 많도다. 그렇지 않으면 너희에게 일렀으리라, 내가 너희를 위하여 처소를 예비하러 가노니 가서 너희를 위하여 처소를 예비하면 내가 다시 와서 너희를 내게로 영접하여 나 있는 곳에 너희도 있게 하리라(요 14:1-3).

지금 그 주님께서 선포하고 계신다.

처음 것들이 다 지나갔음이러라(계 21:4).

보라 내가 만물을 새롭게 하노라(계 21:5).

"처음 것들이 다 지나갔음이러라"(ὅτι τὰ πρῶτα ἀπῆλθαν). 이 말씀은 하나님께서 말씀으로 창조하신 처음 하늘과 땅과 그 가운데 만물이 모두 또한 말씀에 따라 "무"(無)로 돌아갔다는 의미이다.

απηλθαν(아펠단)은 απερχομαι(아펠코마이, 사라지다, 떠나 가다의 제
일 부정과거형이다). 그리고 이어서 "내가 만물을 새롭게 하노라"(ιδου
καινα ποιω παντα)고 선언하셨다. 여기에 사용된 동사 ποιω(포이오-),
ποιεω(포이에오)는 내가 만들다, 창조하다의 직설법 및 가정법의 현
재 능동태형이다. 즉, 하나님께서는 실존적으로 만물을 새롭게 창
조하심을 의미하는 것이다.

> 천지는 없어지려니와 주는 영존하시겠고 그것들은 다 옷같이 낡으리니 의
> 복같이 바꾸시면 바뀌려니와 주는 한결같으시고 주의 연대는 무궁하리이다
> (시 102:26-27).

이사야 선지자도 예언하였다.

> 하늘의 만상이 사라지고 하늘들이 두루마리같이 말리되 그 만상의 쇠잔함
> 이 포도나무 잎이 마름 같고 무화과나무 잎이 마름 같으리라(사 34:4).

이어서 이사야는 말씀한다.

> 하늘이 연기같이 사라지고 땅이 옷같이 헤어지며 거기에 사는 자들이 하루
> 살이같이 죽으려니와 나의 구원은 영원히 있고 나의 공의는 폐하여지지 아
> 니하리라(사 51:6).

예수님 자신도 말씀하셨다.

> 천지는 없어질지언정 내 말은 없어지지 아니하리라(마 24:35).

사도 베드로도 예언했다.

> 이제 하늘과 땅은 그 동일한 말씀으로 불사르기 위하여 보호하신 바 되어 경건
> 하지 아니 한 사람들의 심판과 멸망의 날까지 보존하여 두신 것이니라(벧후 3:7).

사도 요한도 예언하고 있다.

> 또 내가 크고 흰 보좌와 그 위에 앉으신 이를 보니 땅과 하늘이 그 앞에서
> 피하여 간 데 없더라(계 20:11).

현재의 하늘과 땅은 하나님의 예언 말씀대로 반드시 사라지고 말
것이다. 그리고 이어서 우리 주님께서는 "이루었도다"(γεγοναν, 게고
난, γινομαι 기노마이, 창조되다, 창조 때문에 존재해지다라는 뜻을 지닌 단어
의 완료형이다)고 선언하고 계신다. 즉, 주님께서 성도들을 위해 마
련하시는 "처소"(요 14:2)가 마련되었다는 뜻이고, "새 하늘과 새 땅
의 창조가 완성되었다"는 의미가 아니겠는가?
"또 내가 새 하늘과 새 땅을 보니"(Και ειδον ουρανον καινον και γην
καινην)라는 말씀을 직역하면 "또 내가 새 하늘과 새 땅을 보았다"이다.
그리고 καινον(카이논)과 καινην(카이넨)의 원형은 καινος(카이노스)이다.

이 단어는 질적(質的)으로 완전히 새로움을 의미하는 것이다. 다시 말하자면, 처음의 하늘과 땅은 변화무상한 존재요, 유한한 존재요, 범죄와 타락과 멸망이 있는 존재였으나, 새 하늘과 새 땅은 영원하고, 범죄와 타락이 없고, 멸망과 심판이 없는 곳이다.

> "새 하늘과 새 땅"은 부활한 성도들이 하나님의 백성이 되어 거룩하신 하나님과 하나님의 어린양이신 예수 그리스도와 함께 거하는 곳이며, "모든 눈물을 그 눈에서 닦아 주시니 다시는 사망이 없고 애통하는 것이나 곡하는 것이나 아픈 것이 다시 있지 아니하리니 처음 것들이 다 지나갔음이라"(계 21:3-4).

이 말씀대로 성도들에게는 큰 위로가 있게 된다. 가장 거룩하시고, 가장 은혜로우신 하나님께서 직접 성도들을 품에 안아 주시고, 눈에서 친히 모든 눈물을 닦아 주시며 위로의 말씀을 해주실 것이다. 하나님의 위로를 받는 성도들의 마음은 감사와 감격에 벅차게 되고, 세상에서 느껴보지 못한 새 감정의 희열을 느끼게 되고 자연히 성부와 성자와 성령 하나님을 향하여 새 노래로 "할렐루야, 여호와를 찬양하라"고 찬양을 부르게 될 것이다.

"새 하늘과 새 땅"에는 햇빛이 쓸데없고, 항상 낮이며, 하나님의 영광 빛과 어린양 예수 그리스도의 영광 빛이 충만히 비취므로 항상 광명하다. 이 영광의 빛은 하나님이 말씀으로 창조하셨던 처음 빛과는 근본적으로 그 본질이 완전히 다르고 새로운 것이다. 곧, 하나님과 어린양 예수 그리스도 자체에서 발하여지는 영광의 빛이다(계 21:23). 이 빛이 충만한 것이다.

"새 하늘과 새 땅"에는 거룩한 성 예루살렘이 있다. 그 성의 규모이다.

> 그 성은 네모가 반듯하여 길이와 너비가 같은지라 그 갈대 자로 그 성을 측량하니 만 이천 스타디온이요 길이와 너비와 높이가 같더라(계 21:16).

이 측량은 세상의 측량이 아니라, 천사의 측량 곧 영계의 측량이다. 그리고 예루살렘의 규모는 길이와 너비와 높이가 동일한 정입방형임을 말하고 있다. 이것은 영계의 신성(神性)의 완전성을 의미하는 것이다.

2. 생명수 강

"새 하늘과 새 땅"에는 생명수 강이 흐르고 있다.

> 또 그가 수정같이 맑은 생명수의 강을 내게 보이니 하나님과 및 어린양의 보좌로부터 나와서 길 가운데로 흐르더라(계 22:1).

예수님께서 사마리아성에 있는 야곱의 우물가에서 한 여인에게 하신 말씀이다.

> 내가 주는 물을 먹는 자는 영원히 목마르지 아니하리니 나의 주는 물은 그
> 속에서 영생하도록 솟아나는 샘물이 되리라(요 4:14).

> 명절 끝날 곧 큰 날에 예수께서 서서 외쳐 가라사대 누구든지 목마르거든
> 내게로 와서 마시라 나를 믿는 자는 성경에 이름과 같이 그 배에서 생수의
> 강이 흘러나리라 하시니 이는 그를 믿는 자의 받을 성령을 가리켜 말씀하
> 신 것이라(요 7:37-39).

이 성령을 받은 자들만이 구원을 얻은 것이요, 구원을 얻은 자들
만이 새 하늘과 새 땅에 들어갈 수 있고, 거기에서 영생하는 생명수
를 마실 수 있는 것이다.

3. 생명 나무

"새 하늘과 새 땅"에는 생명 나무가 있다.

> 강 좌우에 생명 나무가 있어 열두 가지 열매를 맺되 달마다 그 열매를 맺
> 고 그 나무 잎사귀들은 만국을 치료하기 위하여 있더라(계 22:2).

그 생명 나무는 한 해에 열두 번이나 열매를 맺는 기적의 나무로
서 매달 열매를 맺는다. 이 열매는 영생케 하는 열매이다. 새 하늘
과 새 땅에 들어간 성도들이 이 생명 나무의 열매를 먹게 되는 것이

다. 에덴 동산에서 범죄한 아담과 하와에게 이 생명 나무의 열매가 금지되었으나(창 3:22-24) 새 하늘과 새 땅에 들어간 성도들에게 영원히 먹을 수 있는 자격이 주어지는 것이다.

그 생명 나무의 열매는 영생을 주는 열매이고, 그 잎사귀들은 치료하는 약이 될 것이다(겔 48:12; 계 22:2).

"새 하늘과 새 땅"에는 구원받은 성도들만 들어갈 수 있다.

> 무엇이든지 속된 것이나 가증한 일 또는 거짓 말하는 자는 결코 그리로 들어가지 못하되 오직 어린양의 생명책에 기록된 자들만 들어가리라(계 21:27).

> 오직 의인은 믿음으로 말미암아 살리라(롬 1:17).

이신득의(以信得義)의 진리 말씀대로 하나님의 어린양 예수 그리스도의 십자가 보혈로 온전히 속죄를 받고 성령으로 거듭난 사람들만이 하나님 앞에 무죄와 의로움의 선언을 얻고, 영생으로의 구원을 받게 되는 것이다. 그리고 끝까지 이 믿음을 지킨 성도들만이 "새 하늘과 새 땅"에 들어갈 수 있게 되는 것이다.

4. 거룩하신 하나님과 어린양의 얼굴을 뵈오리라

"새 하늘과 새 땅"에서는 구원받은 성도들이 거룩하신 하나님과 어린양 예수 그리스도의 얼굴을 직접 보게 될 것이다.

다시 저주가 없으며 하나님과 그 어린양의 보좌가 그 가운데 있으리니 그의 종들이 그를 섬기며 그의 얼굴을 볼 터이요 그의 이름도 그들의 이마에 있으리라(계 22:3).

구약 시대에는 인간이 거룩하신 여호와 하나님을 뵈옵게 되면 죽는 줄로 알았다(창 32:30; 출 33:20; 신 5:26; 삿 6:22; 13:22). 그래서 엘리야 선지자도 여호와 하나님의 영광 앞에서 얼굴을 가리었다. 이사야 선지자도 말씀하고 있다.

웃시야 왕이 죽던 해에 내가 본즉 주께서 높이 들린 보좌에 앉으셨는데 그 때에 내가 말하되 화로다 나여 망하게 되었도다. 나는 입술이 부정한 사람이요 입술이 부정한 백성 중에 거하면서 만군의 여호와이신 왕을 뵈었음이로다(사 6:1-5).

그러나 신약 시대에 와서 예수님께서 직접 말씀하셨다.

마음이 청결한 자는 복이 있나니 그들이 하나님을 볼 것임이요(마 5:8).

사도 바울도 말씀하셨다.

우리가 지금은 거울로 보는 것 같이 희미하나 그 때는 얼굴과 얼굴을 대하여 볼것이요 지금은 내가 부분적으로 아나 그 때에는 주께서 나를 아신 것 같이 내가 온전히 알리라(고전 13:12).

사도 요한도 말씀하셨다.

> 사랑하는 자들아, 우리가 지금은 하나님의 자녀라 장래에 어떻게 될지는 아직 나타나지 아니하였으나 그가 나타나시면 우리가 그와 같을 줄을 아는 것은 그의 참 모습을 그대로 볼 것이기 때문이니(요일 3:2).

하나님의 백성이요, 하나님의 소유요, 자녀가 되었다는 증표로 이마에 하나님과 어린양 예수 그리스도의 이름이 인(印)침을 받은 성도들이 거룩하신 하나님과 예수 그리스도의 얼굴을 직접 뵈옵게 된다는 것은 영광 중의 영광이며 은혜 중의 은혜이다.

사도 요한은 새 하늘과 새 땅의 모든 광경을 보면서 그 황홀함에 도취하여 버리고 만다. 그 영광스러움과 신비스러움에 놀라고 있다. 그래서 인간의 언어로 표현할 수 있는 최대한의 표현으로 그 광경을 설명하고 있는 것이다. 실질적으로는 요한의 표현보다 그 이상의 모습일 것이다.

새 하늘과 새 땅을 광명으로 비추는 그 광채가 발하여지는 그 영광스럽고 신비스럽고 거룩한 얼굴을 직접 뵈옵게 될 때 감히 우리는 얼굴을 들 수 없을 것이다. 다만 그 못 자국이 있는 발등을 어루만지기만 해도 감사와 감격으로 벅차게 될 것이다. 우리는 거기서 예수 그리스도와 함께 "신비적 연합"(μυστικος συμφυτος 뮈스티코스 쉼퓌토스)을 하게 되는 것이다.

맺음의 말

　21세기 현대인들의 특징 중의 하나는 이성주의(理性主義)와 과학
만능주의(科學萬能主義)라 해도 과언은 아닐 것이다. 모든 사물을 인
간의 이성으로 이해하고, 과학적으로 확인하고, 증명되어야 믿는다.
이성으로 이해가 되지 않고 과학적으로 확인과 증명이 되지 않는
것은 믿으려 하지 않는다.

　그래서 성경에 기록된 창조론, 모세가 홍해를 가른 기적, 여호수
아의 기도로 지구의 자전을 23시간 20분 동안이나 멈추게 한 기적
(수 10:12-14), 히스기야왕의 기도를 응답하신 하나님께서 해시계 바
늘을 뒤로 10도 물러가게 하여 지구의 자전을 40분이나 뒤로 돌아
가게 한 기적(왕하 20:9), 에녹(창 5:21-24)과 엘리야(왕하 2:11)가 죽
음을 보지 않고 승천한 기적이다. 그리고 예수 그리스도께서 동정
녀 마리아의 몸에서 성령으로 잉태하여 탄생하신 성육신(成肉身)의
기적, 예수님이 행하신 수많은 기적, 회당장 야이로의 죽은 딸과 나
인성 과부의 죽은 아들 청년과 죽은 지 나흘이나 된 나사로를 부활
시키신 기적들, 그리고 십자가에 못박혀 죽어 무덤에 묻힌 지 사흘

만에 예수님께서 부활하신 사건이다.

그 이외에 수많은 기적이 기록되어 있는 성경을 이성적으로, 과학적으로 이해가 되지 않고 증명이 되지 않으므로 현대인들은 믿으려 하지 않는다. 현대인들은 살아계신 하나님의 생명 말씀을 가치절하고 있으므로 성경이 성경으로 보이지 않고, 진리로 보이지 않고, 하나님의 말씀으로 보이지 않는 것이다.

사도 요한은 구약의 선지자들처럼 "성령의 감동을 입은 사람이다"(벧후 1:21). 하나님 자신이 보증하고 계시는 예언의 말씀인 요한계시록은 모든 사람에게 공개되어야 할 책이며, 이 책을 읽는 사람들은 그 내용에 유의해야 할 것이다(계 22:7, 10). 특히, 현대인들은 더욱 이 계시록에 유의해야 할 것이다. 왜냐하면, 이 하나님의 마지막 말씀은 예언적 비전의 책일 뿐만 아니라, 인류 역사에 진실한 의미를 부여하는 하나님의 계시이기 때문이다.

철학의 전 분야가 역사의 의미를 발견하려고 하고 있지만, 실로 철학은 역사가 어떤 의미가 있는지를 확실히 말하지 못한다. 그렇지만 하나님의 계시는 역사가 무슨 의미를 지니고 있다는 사실을 밝혀 줄 뿐만 아니라, 하나님은 성경 속에서 역사의 의미를 나타내셨고, 성경의 마지막 책인 요한계시록에서 인류 역사의 최종적인 것을 기술하고 있다는 사실도 밝혀 주고 있다.

왜냐하면, 하나님의 관점에서 볼 때 인류의 역사란 죄(罪) 가운데서 인간의 완전 멸망을 기록한 것과 하나님 자신이 예수 그리스도 안에서 택하신 자들을 완전히 구원하시는 기록에 불과하기 때문이다.

주님께서는 사도 요한에게 "보라 내가 속히 오리라"(계 22:7, 12, 20)고 거듭해서 강조하며 말씀하셨다. 그리고 요한계시록 22장 6절에서는 이 책에 기록된 사실들이 "속히 될 것이라"고 말씀하고 계신다. 요한이 "속히"(εν ταχει, 엔 탁세이)라는 말을 사용한 것은 이 예언의 사건들이 속히 발생할 것이라는 의미로 사용한 것이다.

우리는 주님께서 언제 재림하시며, 요한의 예언적 비전이 언제 성취될 것인지도 모른다(막 13:32), 그렇지만 한 사건이 다른 사건에 이어 속히 연달아 일어나고 있다는 사실은 알 수 있다. 그리고 속히 가속적으로 성취되고 있다는 사실도 알 수 있다.

요한계시록 22장 10절에 "때가 가까우니라"(ὁ καιρος γαρ εγγυς εστιν. 호 카이로스 갈 엥귀스 에스틴)고 말씀하시는 경우 일반적으로 표현하는 "시간, 주, 달, 해"라는 시간적 의미로 사용하는 χρονος(크로노스)라는 단어를 사용하지 않으시고 "결정적인 순간, 일정한 때, 정확한 때"를 의미하는 καιρος(카이로스)라는 단어를 사용하셨다는 것은 "인봉하지 아니한 예언의 말씀들이 너무나도 속히 결정적으로 이루어질 것이기 때문에 하나님의 백성들이 이 예언의 말씀을 깨달아 알고, 지키며, 대비하게 하기 위한 것이다.

요한계시록의 만사가 예수 그리스도의 재림에 그 초점이 맞추어져 있다.

그런데 지상에 존재하는 인간들은 예수의 부활을 믿지 않는 것처럼 그의 재림과 심판을 믿지 않고 있다. 사신신학(死神神學)을 말하는 세속화 신학자들이 주장하는 예수의 부활과 재림을 부인하는 사상이 인류에게 크게 악영향을 주고 있기 때문이기도 하다.

그래서 베드로는 다음과 같이 말하고 있다

> 사랑하는 자들아 내가 이제 이 둘째 편지를 너희에게 쓰노니 이 두 편지로
> 너희의 진실한 마음을 일깨워 생각나게 하여 곧 거룩한 선지자들이 예언
> 한 말씀과 주되신 구주께서 너희의 사도들로 말미암아 명하신 것을 기억하
> 게 하려 하노라. 먼저 이것을 알지니 말세에 조롱하는 자들이 와서 자기의
> 정욕을 따라 행하며 조롱하여 이르되 주께서 강림하신다는 약속이 어디 있
> 느냐 조상들이 잔 후로부터 만물이 처음 창조될 때와 같이 그냥 있다 하니
> 이는 하늘이 옛적부터 있는 것과 땅이 물 위에 나와 물로 성립된 것도 하
> 나님의 말씀으로 된 것을 그들이 일부러 잊으려 함이로다(벧후 3:1-5).

긍휼하심이 무한하신 하나님께서는 택하신 백성들이 마지막 한
사람이 구원을 얻을 때까지, 즉 하나님이 정하신 카이로스의 때, 선
지자들과 사도들을 통하여 예언하신 그때까지 참으시고, 기다리고
계시는 것이다. 하나님의 긍휼 댐이 반드시 붕괴할 것이고, 심판의
홍수가 유기자들을 영원히 불타고 있는 유황 불 못 속으로 쓸어버
릴 것이다.
현대인에게는 사면팔방에서 우리가 예측할 수 없었던 수많은 도
전이 대해의 파도처럼 밀려오고 있다.

여기에 맞서 인류는 어떻게 응전할 것인가?
이 해답이 요구된다. 속수무책으로 있다가 그 태산 같은 도전들
에 매몰되고 말 것인가?

아니면 뿌리 깊은 큰 바위처럼 버티어 낼 것인가?

아니면 과감하게 전진해 나아갈 것인가?

여기에 인류에게 지혜가 필요하다. 인류가 지금까지 살아온 오랜 세월 동안 인류를 향해 오는 자연적 도전, 인위적인 도전, 재난과 전쟁의 도전 등 수 많은 도전에 대해 어떻게 응전하고, 극복하고. 승리해 왔던 역사에서 선조들의 지혜를 배워야 할 것이다. 그것이 철학적 지혜이든, 또한 신학적 지혜이든 하나님의 계시적 지혜이든 우리에게 절실히 필요하다. 인류가 이러한 지혜를 가질 수만 있다면 능히 응전의 능력을 입어 이겨낼 수 있을 것이다.

지금 인류는 그 지혜를 구하고, 찾아야 할 것이다. 창조주요 심판자이신 하나님 앞에 인간 자아의 모습이 어떠함을 발견할 수 있는 지혜, 그래서 그 앞에 겸손해질 수 있는 지혜 말입니다. 이 지혜를 발견한 자만이 응전에 승리하여 살아남게 될 것이다. 이 지혜는 윤리성을 회복시키는 지혜이다. 윤리성이 회복된다면 원자무기의 사용을 자제하게 될 것이다. 그리하면 하나님의 심판의 연자 맷돌이 돌아가는 것을 지연시킬 수 있을 것이다.

하나님에게 선택하심을 받아 성령으로 거듭난 성도들이여, 이제 깨어서 일어나자. 탐욕을 버리자. 말씀으로 더욱 정의로워지자. 진실해지자. 서로 사랑하자. 그리고 더욱 거룩하여지자. 재림의 주님을 맞이할 믿음의 준비를 하여 사도 요한처럼 "주 예수여 오시옵소서"라고 기도하자. 아멘.

CLC 종말 관련 도서 안내

1. 개혁주의 종말론

안토니 A. 후크마 지음/ 류호준 옮김 / 신국판 / 452면

2. 기독교 종말론

박아론 김석환 지음/ 신국판 양장 / 408면

3. 언약신학과 종말론

윌리엄 J. 덤브렐 지음/ 장세훈 옮김 / 신국판 / 472면

4. 역사 속의 종말 인식

리차드 카일 지음/ 박응규 옮김 / 신국판 / 384면

5. 현대 종말론의 성경적 조명

한정건 지음/ 사륙판 / 100면

6. 종말론

밀라드 J. 에릭슨 지음 / 이은수 옮김 / 신국판 / 182면

7. 종말론 해설

스테팬 H. 트래비스 지음 / 김근수 옮김 / 신국판 / 180면

8. 최근 바울과 종말론 연구 동향

조셉 플레브릭 지음/ 김병모 옮김 / 신국판 / 152면

9. 종말 내세론

조영엽 지음/ 신국판 양장 / 400면

10. 마지막 때에 관한 설교

월터 C. 카이저 지음 / 김혜경 옮김/ 신국판 / 424면

11. 역시적 전천년설

크레이그 블룸버그 정성욱 편집/ 조형욱 옮김/ 신국판/ 376면

12. 복음의 진실과 신세계 질서의 종말

이춘남 지음/ 신국판 / 344면